國家出版基金項目

◇ 八思巴文

譯語

八思巴文、漢文合璧。清袁氏貞節堂抄本，29.4釐米×18.1釐米。館藏號：15161。

全書81葉，收録了八思巴字彙與蒙古譯語、韃靼蒙古譯語、委兀爾譯語、回回譯語、河西譯語五種譯語。本書4至23葉爲八思巴字拼寫漢字，24至26葉爲八思巴文和漢文合璧百家姓，是目前國内所存較完整的紙本八思巴字文獻之一。入選第一批《國家珍貴古籍名録》，名録號02392。

譯語

譯語

袁壽階貞節堂寫本書鈔閣借
從孫伯淵親家藏本錄副訖顛此奉歸

得此書費辛苦後之人其鑒我

仲魚圖象

國家圖書館藏民族文字古籍叢書

書史會要云元肇基朔方俗尚簡古刻木為信猶結繩也既而頗用北庭字書之羊草猶竹簡也及奄有中原爰命巴思八土波國人采諸梵文創為國字字之母凡四十一ꡀ〔羣〕葛ꡁ〔溪〕渴一作洛ꡂ〔見〕听ꡃ〔疑〕誐ꡄ〔牀〕者ꡅ〔穿〕闕一作車ꡆ〔照〕遮ꡇ倪ꡈ〔定〕怛ꡉ〔透〕撻ꡊ〔端〕達ꡋ〔泥〕闕一作那ꡌ〔幫〕鉢ꡍ發ꡎ〔並〕末ꡏ〔明〕麻ꡐ〔精〕拶ꡑ〔清〕捺一作擦ꡒ惹ꡓ〔微〕嚩ꡔ〔日〕若ꡕ〔邪〕薩ꡖ〔影〕阿ꡗ〔喻〕耶ꡘ囉ꡙ〔來〕羅一作車ꡚ〔審〕設ꡛ〔心〕沙ꡜ訶ꡝ〔喻〕啞ꡞ伊ꡟ鄔ꡠ翳ꡡ汚ꡢ〔曉〕遐輕呼一作重ꡣ〔匣〕霞ꡤ〔非敷〕法ꡥ惡ꡦ也ꡧ咼ꡨ耶輕呼右借漢字釋音並開口呼之漢字母內則去□□□三字而增入□〔從〕□

语话

ㄅㄩ喻四字切韵多本梵法或一母独成一字或二三
母揍成一字如□□天□□地□□人□□东□□西□□南□□北
之类是也但只一字具平上去三声而无入声入声
之类是也但只一字具平上去三声而无入声入声
轻呼则同平声矣凡诏诰宣敕表牋并以书写其书
右行其字方古严重畏吾儿字虽有二十余母除
重名外止有一十五音因此应声代用者多矣一重
名之母者有上亻亻下亻亻有头ㄋ脚□之亻
丫首分身兀之底上彳中亐与下乚一应声代用
者□作□□并代句中匚亻□

□作□并□□□作□并□□□作□并□
□作□□并□□□作□□并□□□作□□□作
并□□□作□并□若句中更代一□□□作
□并□作□并□□作□并□□作□并□
□作□并□□作□并□此為一十五音也外
據□□□□○□□□□漢兒等母其畏吾中雖無
此字今就斜聲頗同者應代而已揍字之法則與蒙
古字同
回回字其母凡二十有九横行而寫自前抵後復歸

于前

丁阿里夫 乙黑呼輕 弓斜 卜戴聲平 ㄇ加喉音夫

ㄋ蛙烏 乙別呼重 乞黑呼重 山昔呼重因 卜賽聲平

ㄆ楷音夫喉 ㄅ醯 ㄗ鐵呼重 ㄒ打呼重勒 灬昔勒

ㄅ阿因 ㄅ藍 ㄓ捺麻失里 ㄋ查勒

山沙 ㄅ挾因 ㄅ些 ㄋ直寅

ㄋ來台 ㄇ廢聲 ㄣ奴

天竺字梵僧所作顏師古云西域僧能以十四字貫
一切音文省而義廣謂之婆羅門盛熙明云嘗覽竺

典造書之主凡三字曰梵曰伽盧曰倉頡梵者光音天人也以梵天之書傳于印度其書右行伽盧叔書于西域其書左行皆以音韻相生而成字諸蕃之書悉其變也其季倉頡居中夏象諸物形而為文形聲相益以成字其書下行未知其說果何所據因而考之西方以音為母華夏以文為基諸國之風土語音既殊而文字遂亦各異泝流窮源其法似不出乎此三者也盖梵者不囉麻也合而言之為梵此云光音天也其字之母凡五十曰悉曇章此云能成諸義也

其中十六字為轉聲之範三十四字為五音之祖或一或二或三至于聯載互合而有輕重清濁非清非濁等聲其詳見于天竺字源

若

漢日母

西番以為紗字 時阿切 正齒緩

日二 人 任

儒

若擾

ꍓ 左繼		
ꍓ	疑即拶母 **漢精母**	
ꌅ 祭即進		
ꍘ 祖	撥宗尊	
ꍘ 子資		
ꑾ 作		
ꍘ 節沮		
ꍘ 哉		西番作 ꍓ 讀為匝 咘阿切齒頭緊

漢見母

西番以為噶字 歌阿切 牙緩

加家 舉 軍君 供 規 眷

官管 姜講降 教 兼監

故古 國 工貢公 罄

既 禁 敬

誥

光

蓋

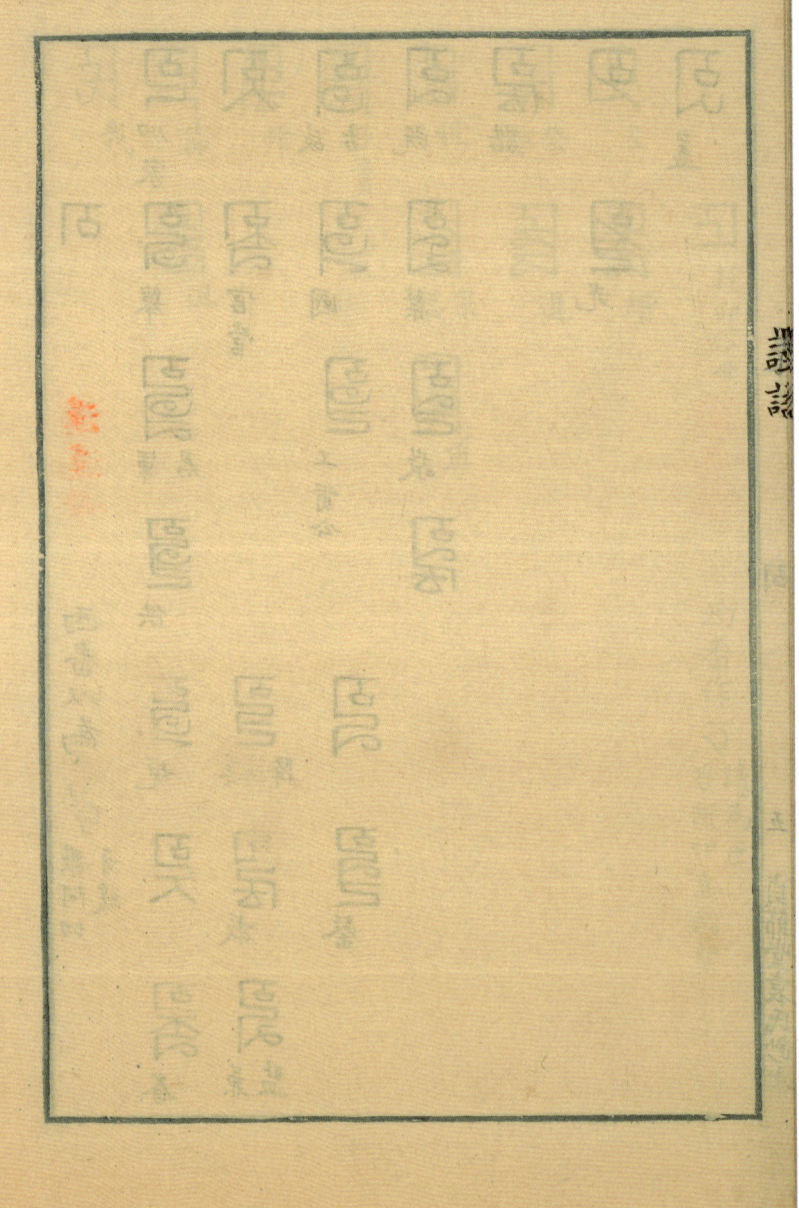

漢溪母

西番以為喀字 珂阿切
牙

ꡁ 可

ꡁ 孔

ꡁ 曲

ꡁ 䅘
杞 極

ꡁ 考

ꡁ 遣

ꡁ 闕

ꡯ ꡯ 外為謂 亦喻母 西番以為阿字
ꡯꡎ 院員 元月玉之類
ꡯꡎ 月 古人譜疑母
ꡯꡎꡎ 院員
ꡯꡎꡎ 元爰 王
ꡯꡎ 宇
ꡯꡎ 玉 永

謔諺

𘟃 𘟃
七
𘟃侵
𘟃秋 **漢清母**
錢 𘟃親
此
𘟃

𘟃 𘟃 𘟃
𘟃 𘟃 𘟃
𘟃 𘟃

遮

漢知照二母

西番作 讀為查 支阿切 正齒緊

知旨制之至

正政

州

者

諸主貯

準

照

衆中

追

莊

張

譯語

ᠶ
ᠶᠠ ᠶᠣ ᠶᡠ 緒䛦佝
ᠶᠠ 詞祀
ᠶᠤ 隨
ᠶᡳ 習
ᠶᡝ 謝

漢邪母 西番以為頗字 寺阿切 正齒緩

西番以為鴉字 衣阿切 喉

漢喻母

也 諭 宴 要 用

以盖 藝已 游由

役惟

養羊

頴

堯

| ꡂꡞ 集 | ꡐꡭꡞ 齋 | ꡐꡭꡬ 聚 | ꡐꡭꡠ 造 | ꡐꡭꡮ 材 | ꡐꡭꡟ 目 | ꡐꡭꡦ 贈 | ꡐꡭꡞ 祚 |

漢從母

五

漢来母 西番作 ꡙ 讀如拉勒阿切半舌

ꡙ 剌
ꡙ 力裏
ꡙ 勵列
ꡙ 郎
ꡙ 老牢
ꡙ 祿路駱
ꡙ 雷
ꡙ 令
ꡙ 林
ꡙ 廉
ꡙ 六
ꡙ 粮良
ꡙ 隆
ꡙ 來
ꡙ 劉
ꡙ 羅
ꡙ 攣
ꡙ 廖
ꡙ 龍

譯語 十一 貞節堂袁氏鈔本

ꡎ

漢並母

西番作ꡎ 讀如拔 鋪阿切重脣緩

貧

平病

倫

伯

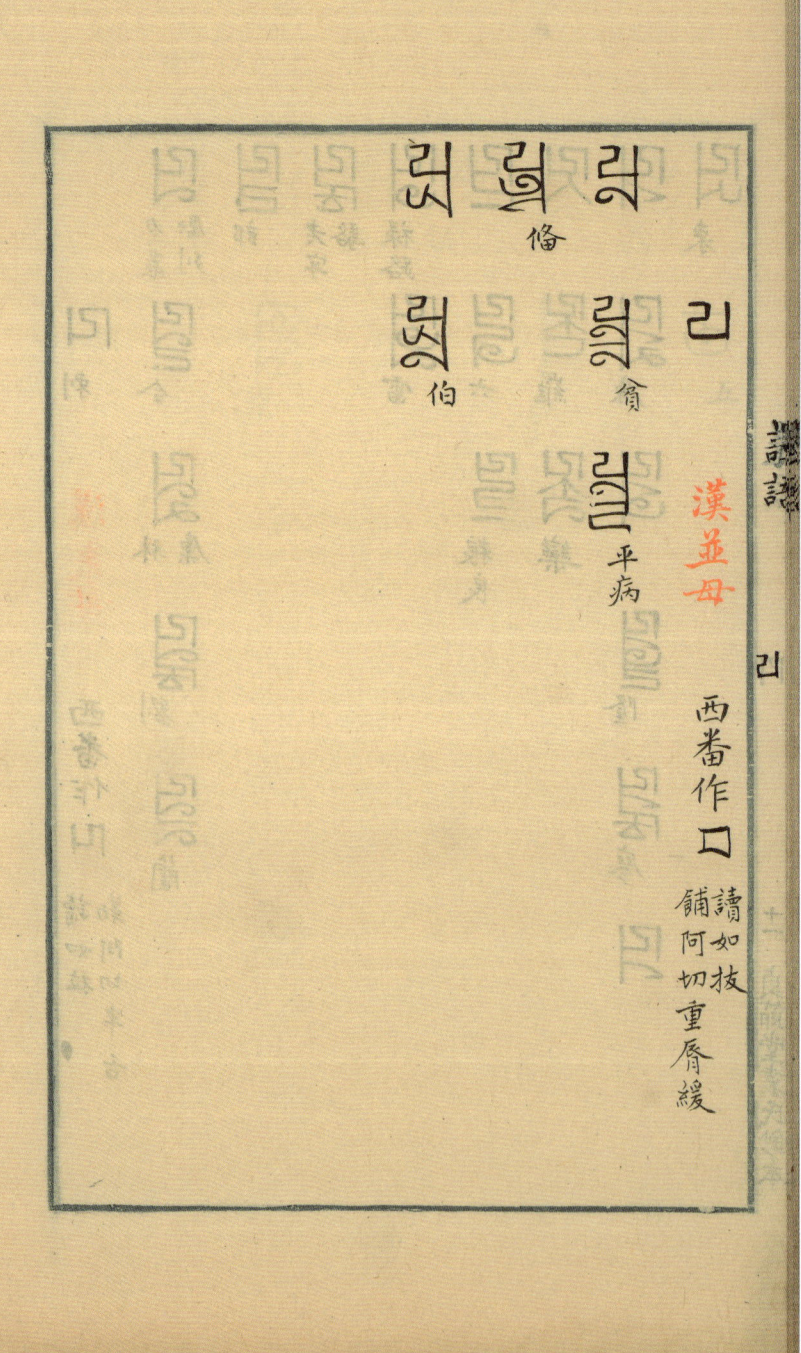

阿

漢影母

西番作　讀如阿

依邑　應　陰飲　優　殷

約

安

於鬱　雍

溫　翁

歐

漢匣母

ꡖ 合
ꡜ 何
ꡜ 皇
ꡜ 完
ꡜ 護
ꡜ 或
ꡜ 湖
ꡜ 洪
ꡜ 号
ꡜ 杭
ꡜ 後
ꡜ 寒
ꡜ 翰
ꡜ 壞
ꡜ 淮

ꡉ 達　ꡉꡡꡃ 統　ꡉꡞꡋ 天　ꡉꡟ 土　ꡉꡠ 體　ꡉꡦ 帖　ꡉꡭ 泰

漢透母之
西番作塔字 式阿切
舌頭

譯語　ꡉ　十四　貞節堂袁氏鈔本

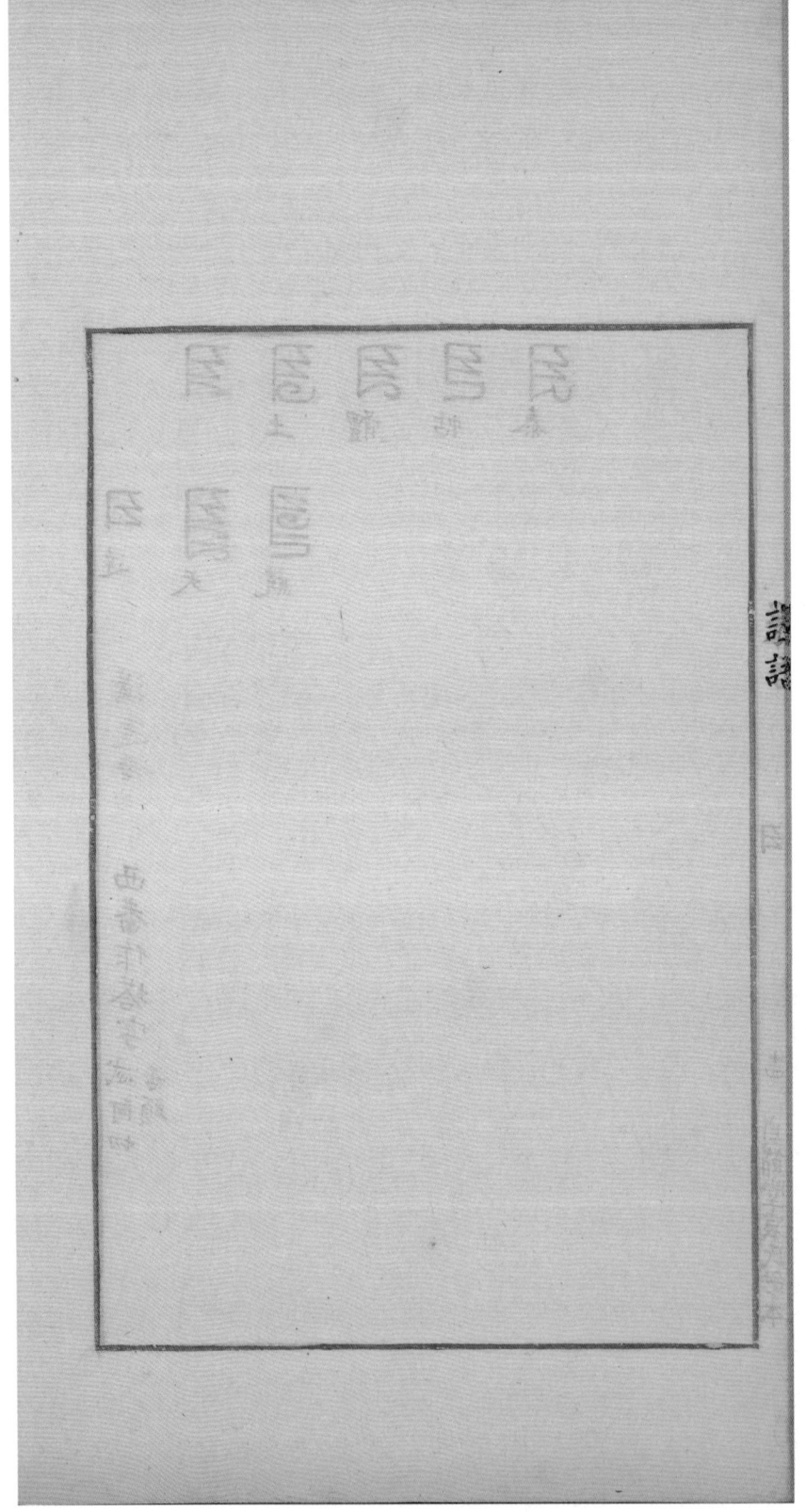

ꡎ 鉢

漢幫母

西番作པ讀為巴逋阿切重脣緊

寶

卜

丕彼輩

本

百

波

妣畢

表

譯語 ꡎ 十五 貞節堂袁氏鈔本

漢端母

西番以為荅字 得阿切 舌頭緊

帝 丁

當

都 東董

朶 端

等 得德

歹

典

論語

識沙

漢審母禪母

西番作 讀為沙 師阿切正齒

設

書舒東

舜淳

氏石十時世施（禪）

聖成

臣申慎（禪）

收授

上尚常（禪）

產

所

垂水

使師

生

莘

贍

善

朔

譯語

ꡛ 沙

漢心母

西番以為薩字 思阿切 齒頭

三

毿 卹 肅 須 相 先

錫 修

蘇 損

宣 選

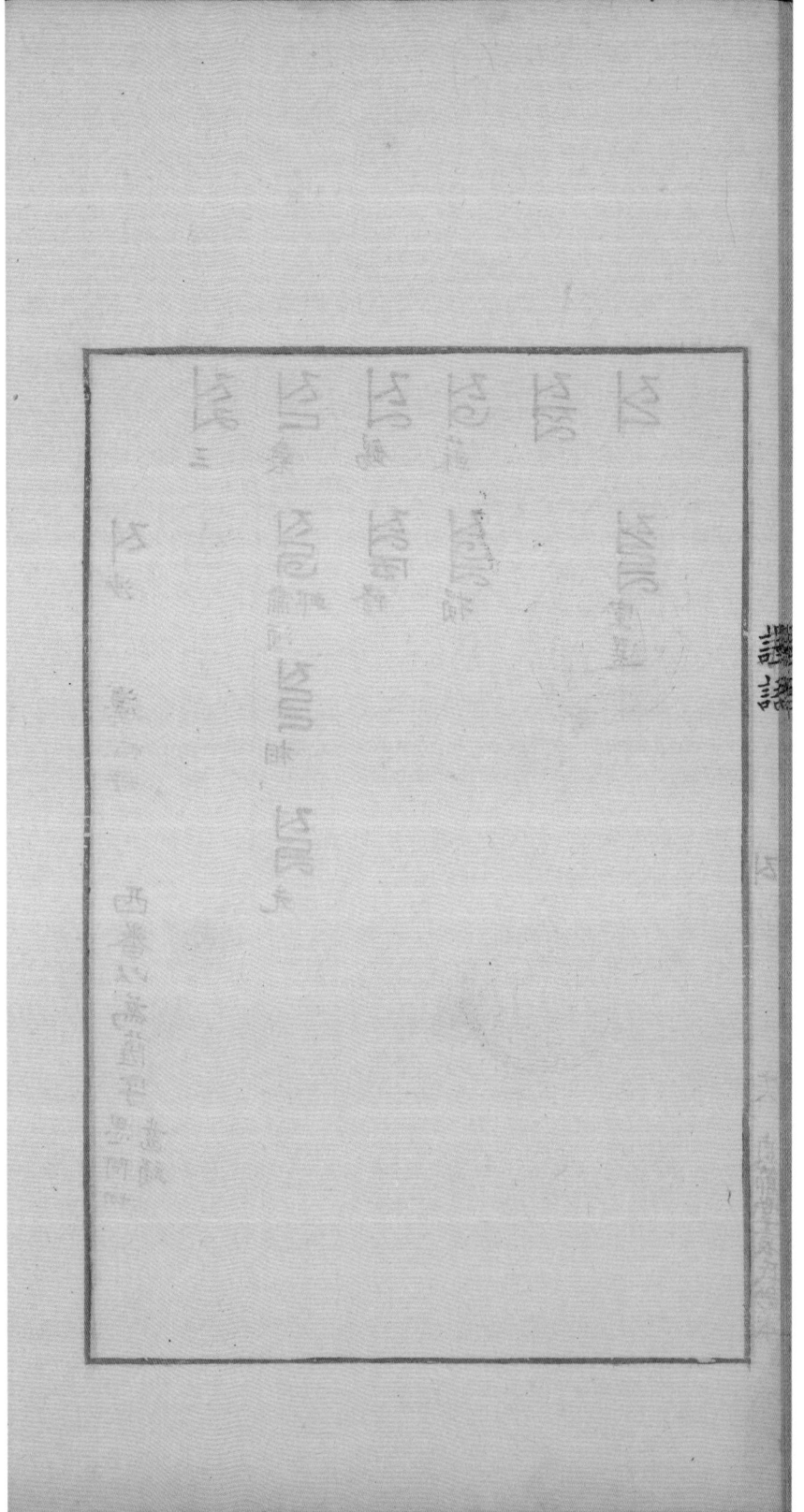

ꡐ 嚩

漢微母

西番作 [Tibetan letter] 讀為斡 無阿切輕脣

[Phags-pa] 無務 物

[Phags-pa] 文問

[Phags-pa] 妄望

[Phags-pa] 萬

車

漢穿母

西番作以為擦字 雌阿切 齒頭

出樞處 春 超

勅

丙

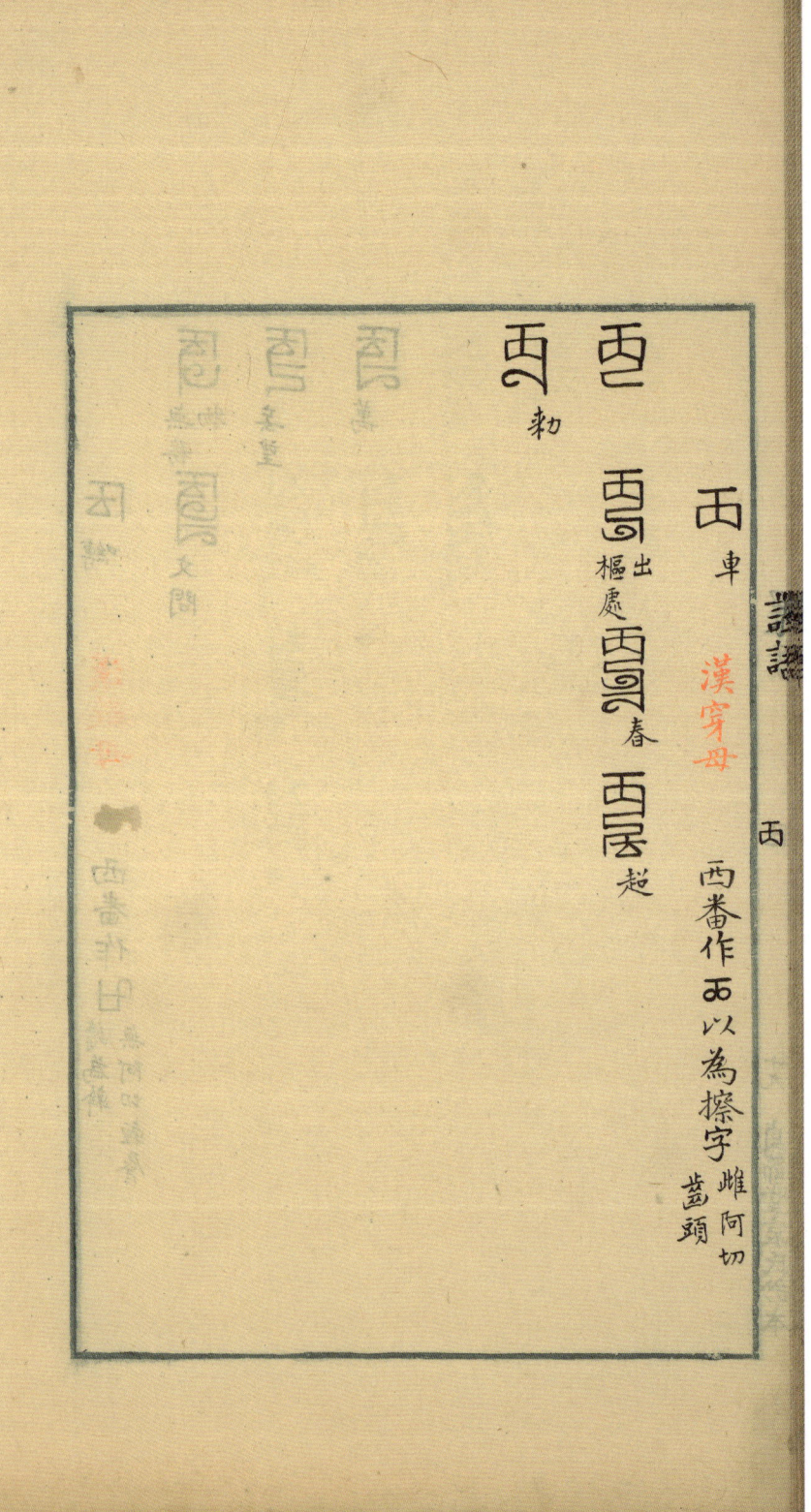

ꡭ 宜議有右

ꡭꡖꡟ

ꡋ 我議

ꡋꡖ 業

ꡋꡖꡜ 嚴

ꡋꡖꡜꡟ 言

ꡋꡖꡟ 仰

漢疑母

西番有ꡋ字 迎阿切 半鼻半喉

漢澄牀二母

西番作 讀如雜 資阿切 齒頭緩

崇

士事 古音屬牀母

謚治

朕

神

傳

述

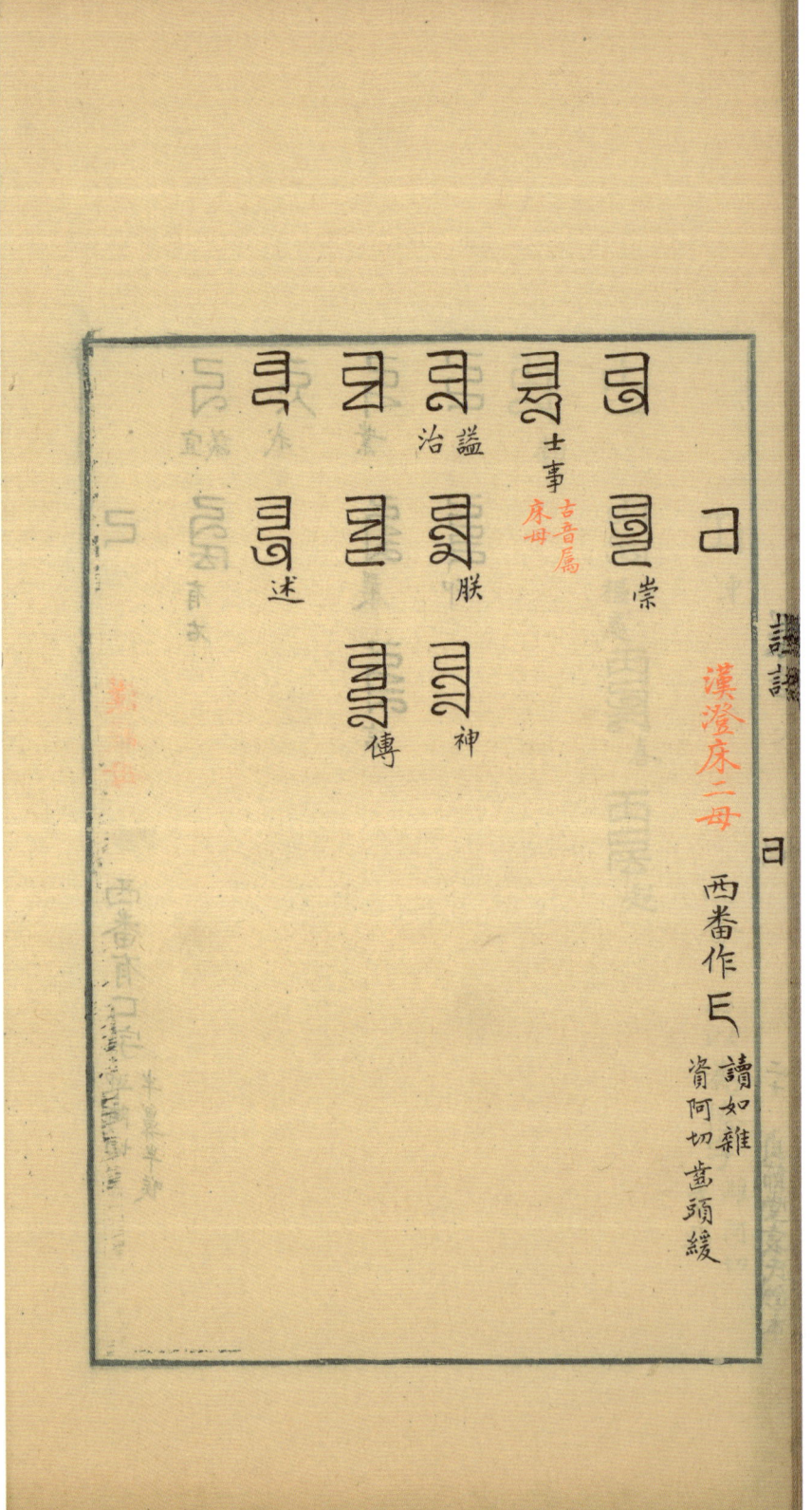

ꡏ 馬　漢明母　西番亦為嘛字

ꡏꡞ 米迷　命明

ꡏꡟ 木　母　蒙孟　梅

ꡏꡠ 廟　勉

譯語

ꡏ

二十一　貞節堂袁氏鈔本

ན 當即那母 漢泥母 西番作ན以為納字 訥阿切 舌頭

ན ནྭ ནྭ 內

ནྲ 寧

ན ནྭ 年

ꡊ 怛

漢定母

西番作ད以為達字 德阿切 舌頭緩

道

大

地提迪

濤

同

奪

ꡁ其及 ꡀ

ꡁ ꡀ懼

漢孳母

西番以為嘎字 歌阿切
牙緊

漢曉母

西番以為哈字 呵阿切 喉

ꡣ

ꡣꡜꡦꡋ 憲	ꡣꡜꡦ 學	ꡣꡜꡞꡋ 訓	ꡣꡜꡞꡃ 行與	ꡣꡜꡦꡃ 享
ꡣꡟ 呼	ꡣꡟꡞ 誨	ꡣꡦ 校	ꡣꡞ 奚	ꡣꡟꡞ 惠
ꡣꡟꡓ 化	ꡣꡞꡓ 休			

譯語 ꡣ 二十三 貞節堂袁氏鈔本

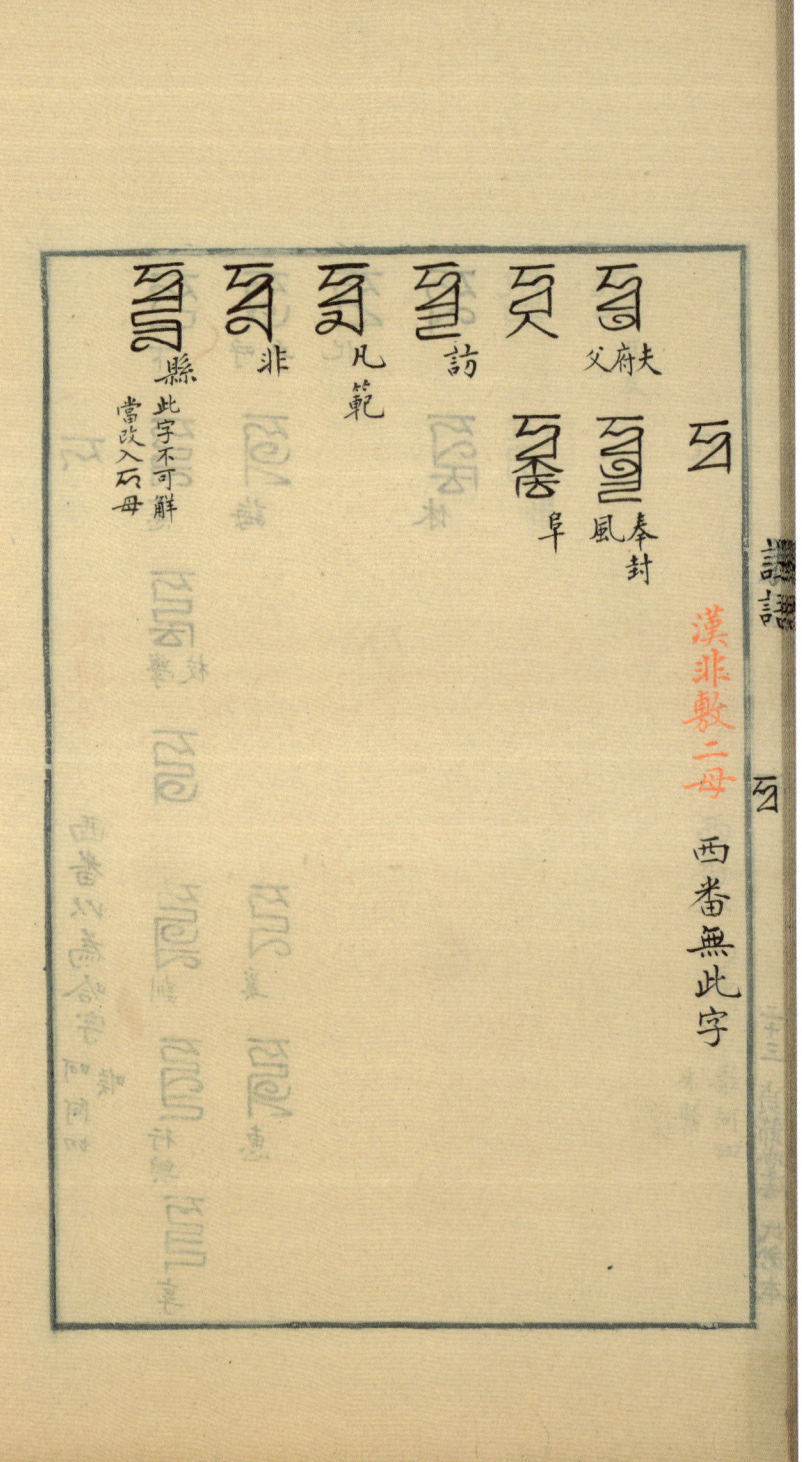

漢非敷二母 西番無此字

四 夫府父
四 奉封
四 阜
四 詁
四 範凡
四 非
四 縣 此字不可解 當改入石母

蒙古字體見事林廣記續集　中多訛寫

蒙古之書前乎學者之所未覩蓋自科斗之書廢而篆隸之制作其體皆古也其後真草之書雜行上世大元世祖命帝師八合思八制蒙古新字其母四十有一其相關紐而成字今以其字書百家姓於左以見一代之文字云

百　家　姓　蒙　古　文

趙　錢　孫　李　周　吳　鄭　王　馮

陳　褚　衛　蔣　沈　韓　楊　朱　秦

尤　許　何　呂　施　張　孔　曹　嚴

華　金　魏　陶　姜　戚　謝　鄒　喻

柏　水　竇　章　雲　蘇　潘　葛　奚

范 彭 郎 魯 韋 昌 馬 苗 鳳

花 方 俞 任 袁 柳 酆 鮑 史

唐 費 廉 岑 薛 雷 賀 倪 湯

滕 殷 羅 畢 郝 鄔 安 常 樂

于 時 傅 皮 卞 齊 康 伍 余

元 卜 顧 孟 平 黃 計 伏 成

戴 談 宋 茅 龐 熊 紀 舒 屈

項 祝 董 梁 杜 阮 藍 閔 席

季 麻 强 賈 路 婁 危 江 童

顏 郭 梅 盛 林 刁 鍾 徐 丘

駱 高 夏 蔡 田 樊 胡 陵 霍

虞 萬 支 柯 昝 管 盧 莫 經
房 裘 繆 干 解 應 宗 丁 宣
責 鄧 郁 單 杭 洪 包 諸 左
石 崔 吉 鈕 龔 程 嵇 邢 滑
裴 陸 榮 翁 荀 羊 於 惠 甄
麴 家 封 芮 羿 儲 靳 汲 邴
糜 松 井 段 富 巫 烏 焦 巴
弓 牧 隗 山 谷 車 侯 宓 蓬
全 郗 班 仰 秋 仲 伊 宮 甯
仇 欒 暴 甘 鈄 厲 戎 祖 武
符 劉 景 詹 束 龍 葉 幸 司

齠 部 黎 薊 薄 印 宿 白 懷
蒲 部 從 鄂 索 咸 籍 賴 卓
藺 屠 蒙 池 喬 陰 欝 昏 能
蒼 雙 聞 莘 党 瞿 譚 貢
逢 姬 申 扶 堵 冉 宰 酈 雍
郤 璩 桑 桂 濮 牛 壽 通 邊
庵 燕 冀 郟 浦 尚 農 慕 連
茹 習 宦 艾 魚 容 温 別 莊
晏 柴 瞿 閻 充 向 古 易 慎
戈 廖 庚 終 暨 居 衡 步 都
耿 滿 弘 匡 國 文 寇 廣 祿

闕 東 歐 殳 沃 利 蔚 越 夔

隆 師 鞏 庫 聶 晁 勾 敖 融

冷 訾 辛 闞 那 簡 饒 空 曾

毋 沙 乜 養 鞠 須 豐 巢 關

蒯 相 查 後 荊 紅 游 竺 權

逯 蓋 益 桓 公

覆姓

万俟 司馬 歐陽 上官

夏侯 諸葛 聞人 東方

長孫 鮮于 閭丘 申屠

慕容 公孫 尉遲 淳于

貞節堂袁氏鈔本

諡

𘞽𘜶 皇甫 𘟣𘝯 宇文 𘟥𘞴 鍾離 𘝤𘞚𘟊 令狐

蒙古譯語 出事林廣記新集 中多訛字

天文門

天 應吉里　日 納剌｜｜　月 散剌｜｜　新月 鄉休散剌　星 忽各

七星 朶樂阿 不平　攢星 干呂哥兒　風 兒　雲 奧連　雨 忽剌

雪 察速　雷 蕩郭都｜｜　電 急里安 合必　雹 門都 魯

地理門

地 合掣兒　山 奧剌　嶺 你奴瘟思　水 沃速　泉 布剌

水泊 潦兒　海 荅来　江 也可木連　河 木連　澗 双剌

井 忽都　水 掐宿　石頭 赤老　沙 石曾金　橋 去照 名哥

城 八剌合留　村 信興　墻 八剌合照　野 甸法哥兒　塔 素不兒悶

人事門

皇帝罕 宰相闍里必 大人也可罕 官人那延 娘子下敦
佛夕麻公 秀才納廉必門赤 和尚出曾忽兒 道人啅真 紵絲匠秃曾哥不蘭
甲匠霍重直丨丨 箭匠納木直丨丨 弓匠如中直 絃匠勒真丨丨 靴匠倆秃速丨丨
鏇匠細〻直哥丨 木匠木都直丨丨 銀匠蒙古丨丨 梳匠三直 針匠呪直丨丨
染匠不都直丨丨 線匠胡月赤 粉匠五花直丨 胭脂匠忒可速丨丨 鐵匠忒木直丨
皮匠兀剌直丨 達〻蒙古歹 欄子匠八剌安荅真 回〻散里荅歹 女直主十歹
漢兒相忽歹 蠻子家家歹 醫人斡脫赤 作田人達田耶先 阿嫂既里干
兒婦別里 廚子約五自 孩兒訥汗 女孩兒氏勒 父愛赤哥
耶〻阿不卜 伯〻愛賓 叔〻阿不合 哥〻阿合丨 弟〻斗丨
姪兒肩 孫子阿赤口 丈人合敦阿赤可 叔伯兄弟玉也 舅〻納合丑
小舅合敦卜 女壻庫里丨 男兒阿列 婦女阿減 母阿可

娘〻阿母干　姐〻阿可赤　妹〻蜀　伯叔母阿三　媳婦愛免

阿嫂别里丨

君官門

大王口丨　太子口丨　駙馬宣魯丨　公主别吉　宣差達魯花赤

斷事官札魯花赤　使臣宴赤　縣官也里敦延　万戶獨滿那延　千戶明安那延

百戶武赤延　五十戶塔賓那延　牌了頭号魯那延　民戶益干立　通事乞里三行

買賣人斡旦畜赤　伴當納可兒　出軍人象利赤　樂人那看赤　媒人几剌赤里

把門人里兒里赤　牧馬人木馬丨　放牛人弐人丨赤　水手速赤　醫獸壓直

放羊人汚匿赤　師婆叻　帶弓箭人貨魯赤

鞍馬門

馬木罕　騸馬阿急荅　曳剌馬阿只兒海　小馬撒灰　躧行佳剌

譯語　二十八　貞節堂袁氏鈔本

青馬卜羅||　赤馬祈兒及||　黄馬芳兀兒||　白馬荅罕　黑馬合剌||
棗騮怯苵兒||　花馬[illegible]剌||　沙白馬迭里罕　灰馬速魯||　鋪馬兀剌||
白點兒只今兒　家生呆都兒孫剌那　梯己卯日||　野馬胡藍||　生馬奪速||
駒兒兀奴速　二歲荅罕　三歲兀囊木里　鞍子阿滿　橋子木魯哥
韂骨林馬　鐙木里剌　雁翅板插荅孫　鞍塔歸胡兒　鞦忽獨八花
攀胷庫木都魯哥　鐙折皮禿也速兒　轡頭座荅兒　首鐶垂可里　鞭子覓乃
套扞五忽魯合　汗替禿黄木

軍器門

弓奴木　箭速木　槍只打　刀云都　甲忽耶
頭盔獨魯花　傍牌厘剌罕　箭匣剌忽兒　弓袋忽枝系　旗禿
鑼長　鼓忽魯哥　撲頭奥道里可　榛榛不西　起合兒不台

筯 秀布
杓子 赤納合
笊籬 秀兒
盂子 綻刀
瓶 羊化丨

盞子 札忽刺速
盤 塔里八兒
棹子 十刺
栲栳 大立班
升 說干罕

斗 深
簸箕 折不哥
條箒 秀福兒
桶 散魯花
梯 刼赤古兒

杴 秃曾女
針 兒
梳 三
鏡 垂里
钁 卓苦伏六

鐮 卜秃和兒
交椅 散折兒丨
床 易昔吉
篩 只立速
帳子 忒立馬

傘 紥姑兒
扇子 撒体兒
三絃子 胡不兒
笛兒 扎虎兒
門子 釐刺瞎

大撲頭 脱和里
箭頭 忒木兒
箭口 脱奴
鈚子 克不里
鍊鎚 居連必

弓絃 欽不㚟
翎毛 羽都
錯子 好刺
小刀 氣都花

五穀門

米 孔匣阿木
糯米 秃〻兒速
麦 布亥
穀 匣刺阿木
糜黍 蒙兀刺阿木

黑豆 匣刺不奴乂
小豆 孔卜不奴乂
菉豆 活〻不奴乂
大麦 牙立

飲食門

粥 不乃木　飰 暗木速　麪 兀立兒　熟麪 厈散　饅頭 口涅

焼餅 兀都麻　肉 密匣　酒 荅剌速　油 都速　塩 荅不速

醤 速速　馬妳子 兀宿

身體門

頭 忒妻溫　孛 孛怯昆　眉 合你四　眼 尼敦　鼻 下八兒

口 阿滿　耳 赤斤　心 智寬兒　肝 乞立干　脾 送留溫

肺 奧魯吉　膽 雪劣孫　腰子 卜兒　肋支 合不合兒　手 阿兒

脚 闊兒　琵琶骨 荅婁　拳頭 納竿兒彎　牙 宿敦　妳子 闊

篤包 八好兒　骨頭 桀孫　瞎 速忽兒　跛 朵忽剌　肥 搭剌昏

瘦 都魯歡　禿 搭剌海

衣服門

番皮 答胡　合袖 懷帖兒　褲 阿母都　裹肚 心干　襖子 迭兒
皮條 速兒　繫腰 不昔　合鉢 忒獨兀　腰線 不嗔　帽兒 麻合刺
笠子 播魯哥　頭巾 正中　故〻 播庫稅　靴 兀禿速　鞋 察魯
氈襪 懷與速　領兒 扎合　氈 細〻及　段子 禿魯哥　絹 兀阿兒
布 郡真　絲 忽答孫　金襖 按彈迭兒　線 胡打速

器物門

車 忒里丨　車軸 滕急車里　車脚 庫里敷　鍋 朶還丨丨　釜 脱和
羅鍋 安和四　瓮 和部合丨　盆 賁赦兒　椀 愛也合　窓 卧里哥
槽 瓮我察　鏝刀 答里吉　鑿子 畐禄　斤秤 登及閭　等子 勝兒
索子 迭刺　刷牙 菓兒出車　布袋 胡打　鎖 消魯合　碓 燠魯

磨弟兒馬　船肝惡又　鈎兒含苔孫　錐兒昔不哥　鑷子赤晶

剪子久頭　熨十熨雜　火鐮祛歹　鈴兒黃說兒　鋸子氣畧

鉼五花里　鑽子䩞林　杴庫里車　鍬并思馬　鼓兒去照魯哥

文字門

文書必赤　紙怯里歹　墨別可　筆洛肅　硯南都

印採合

珎寶門

玉齒老温　金按彈　銀蒙古　零銀胡兒荅速　珠子速不

象牙詐安伯敦　釧兒補花　鐶兒捽哥　釵兒獸歹　銅折四

鐵武木兒　錫秃忽魯罕　烟脂弋可速　粉五花直　鑌鋼潘羅福闌

碧鈿子可齒老温

飛禽門

鵰 不魯昆
鷹 昂里孫合
海東青 孔剌速忽兒
兔鶻 後別里兒

鴨鶻 納真
豹子 撒里
籠奪 獨林多
孔雀 倒虎
花鴨子 秃剌

鷺鷥 胡七忽真
鴛鴦 昂急兒
鵓 昏
野雞 戶魯還
老鳥 胄里氐才

老鴉 秃列老温
斑鳩 去車
鵪鶉 不多拿
雁 阿老安
野鵲 闌也傺海

鶖鴿 庫魯古真
草雞 胡魯不
雞 忽魯花
燕子 過里葉車
雀兒 賓上胡兒

走獸門

龍 滕急亦
虎 八索
豹 吉里必枝兒
獅子 阿思蘭
象 許安

駝 探凌
牛 兀哥兒
犢 土渾
驢 按只哥
騾 落索

羊 忽你
羔兒 忽魯罕
羯䍽羊 薛里哥
羯羊 一兒哥
猪 唐兀四

母猪 麦怯真
山猪 厘邪
狗 訥和
細狗 阿散六
猫兒 棗温

鼦鼠不魯還　小狗兒哥羅干

蟲魚門

龜才速度乃哥　魚只海速　蝌家里門哥　蚰役至　蝎林

蜂著哥　胡蝶魯里伯哥　蟻子温妻渴真　蚊子播拿

草木門

草愛石速　青草課ゝ愛百速　蘆子草忽剌花掣ゝ速　艾胡速兒

蒼耳鄰赤忽剌　田禾荅里取　麻干掣立　松樹赤嵩剌孫　柳樹闌車孫

柏樹牙剌孫　槐樹脊全孫　竹子戶魯孫　楸樹古香孫　桃樹福孫夕木敦

青楊戶列孫　桑樹谿魯帖歹明木敦　杏樹槐列孫　樺樹忽速木敦　榆樹害列孫

枯樹脊忽買麼都　樹根玉瓜兒　葉兒南赤

菜菓門

蔥 袁急利　菜 爰伯孫　蘿蔔 蔦魯馬　韭 和〻　蒜 撒林散

杏 伣列孫　梨 阿里馬　桃 福孫歹　蒲桃 玉浸　瓜 奧温

西瓜 合兒不西　棗 赤厘

數目門

一 亦千　二 舌腰兒　三 兀魯班　四 都魯班　五 塔奔

六 只魯蠻　七 朶蠻　八 奈蠻　九 曳孫　十 合魯班

二十 忽魯　三十 兀真　四十 獨嗔　五十 荅賓　六十 只刺

七十 荅刺　八十 乃彥　九十 也連　一百 你干介　千 明安

萬 土滿　萬〻 土土滿

時令門

年 荒　春 合不兒　夏 納和兒　秋 納母兒　冬 五温乞

前年兀里及荒　去年你荅你荒　今年愛乃荒　明年斡乃荒　後年懷赤荒

外後年只乃只荒　每年荒不里　前月兀里只撒剌　今月愛乃撒剌　後月懷赤撒剌

正月忽必故剌　二月胡打馬玉宣真撒ミ　三月兀年玉喧真丨丨　四月謹可可　五月胡打用丨

六月納知兒丨丨　七月兀赤丨丨　八月補工丨丨　九月忽蔡荅里必丨丨　十月法歛都兒丨丨

十一月亦剔古丨丨　十二月庫胡列兒丨丨　前日兀里石兀都兒　昨日合赤土兀都兒　今日阿乃兀都兒

明日磨海兀都兒　後日懷赤兀都兒　外後日亦納只兀都兒　每日兀都兒　多日兀你兀都兒

明也紫也八　早辰同禾乃海　日中兀都兒萬里　也也荅　在界你

昨夜赤合干粟你　夜半粟你萬里　一宿你干豁納　那時訛綽兒　時愛乃愛合折拿

往前耶兒合乞　如今愛朶　幾時私里

方隅門

東垂羅納　西豁羅納　南愛木　北兀木　上迭利

下 駄落　前 兀力荅　後 懷剌　這壁 印剌||　那壁 只剌

這裏 侫荅　新舊 若間言真　裏 真度扎豆剌　外 下荅剌　多少 卧郎遜完

将来 黯赤列　不中 朶剌見忽　休説 不蔚列　不當 匼役　逃走了 舌曽

犯者 四緑私有

顔色門

顔色 愛剌都　青 可：　大紅 不下刑剌　紅 忽剌　黄 昔剌

赤黄 胡君若　渾黄 剌醬昔剌　白 察罕　黒 匣剌　紫 只享

藍 怒窩　茶褐 下羅　黒緑 怒窩

貞節堂袁氏鈔本

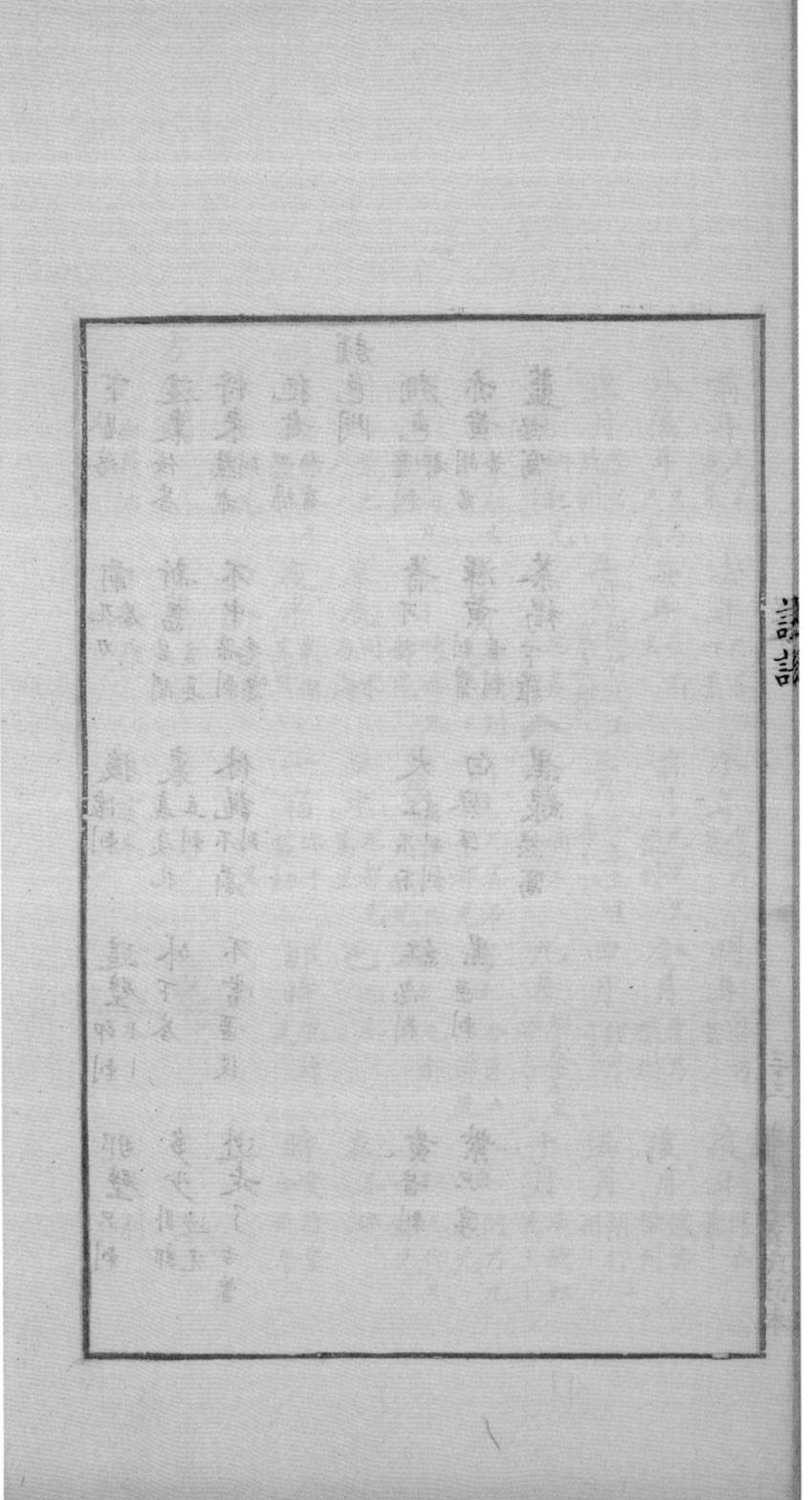

譯語　韃靼蒙古

天文門

天　騰吉里
雨　忽剌
風　克
雪　察孫
露　石兀迭鄰
霖　主薛
日出　納藍兀兒兀把
月落　撒剌升格把
天晴　騰吉里阿墨把

雲　偶列
日　納藍
霜　乞剌兀
星　火敦
電　急里別里干
虹　莎郎蛤
月出　撒剌兀兒兀把
日斜　納藍克擺把
天陰　騰吉里不兒乞克

雷　董豁敦
月　撒剌
冰　莫勒孫
霧　抹你牙兒
雹　門都兒
烟　忽紉
日落　納藍升格把
月斜　撒剌克擺把
天河　騰吉里因木連

大雨 也克忽刺
起風 克孛思把
日影 納藍兀兒
晚了 兀迭失孛二把
太陰 撒刺
南斗 撒把兒
衆星 我藍火敦

人物門

皇帝 蛤安
皇后 蛤阿提
曾祖 額林都

大雪 也克察孫
亮了 改把
月影 撒刺兀兒
晌午 兀都兒都力
霖雨 主薛忽刺
北斗 朶羅安火敦
黄道 失刺抹兒
朝廷 失都思
大臣 也克土失慢
伯父 額賓

大風 也克克
下雨 忽刺我羅把
下雪 察孫我羅把
太陽 納藍
刮風 克孛思把
日曬 納藍哈刺把
黑道 蛤刺抹兒
聖旨 扎兒令
官員 那顔
父親 額赤格

母親　額克
兄　阿哈
妹子　朶宜
媳婦　伯里
親家　忽塔
女婿　古列根
舅々　納哈出
奴婢　孛斡力
女直　主兒徹
你的　赤怒
姪兒　寅

叔父　阿巴哈
弟　迭兀
婦人　額也苦温
丈人　哈敦額赤格
娘子　哈敦
女兒　斡勤
舅母　納哈出額克
漢人　乞塔苦温
回々　撒兒塔温
他的　亦怒
自己　斡額侖

姑々　阿孩額格赤
姐々　額格赤
男子　額列苦温
丈母　哈敦額克
小子　口刋
客人　勺陳
使臣　額里陳
韃靼　猛斡力
我的　米怒
咱每　必塔
慶賀　失々塔黑藍

報喜 賽必塔剌
勇士 把禿兒
師傅 把黑石
農人 塔里牙赤
媒人 抬兀赤
牧馬人 阿都兀赤

地理門

國 兀魯思
山 襖兀剌
田 塔里顏
園 把

神鬼 汪昆赤科兒
伴當 那可兒
生靈 阿迷壇
漁人 只阿赤
皮匠 忽都赤
牧牛人 忽格兒赤
地 哈扎兒
水 兀孫
土 失剌兀
籬 失剌額

老少 斡脫谷扎勞
太醫 斡脫赤
獵人 阿把赤
匠人 兀藍苦溫
牧羊人 豁你赤
河 木連
泉 不剌
林 槐
墻 板兒阿孫

村 申迭延
城 可圓
路 抹兒
湖 納兀兒
沙 忽麻奇
泥 石把兒
磧 額列傒
堠 斡孛斡
大道 帖兒格兀兒
山嘴 豁石温
山川 啜勒

關 孛奄
石 赤剌温
市 把咱兒
溪 豁羅罕
野 克額兒 [illegible]
岸 額兒吉
陸 闊多延
黄河 失剌木連
玉河 蛤石木連
山坡 斡斡渾
口子 阿麻撒兒

塵 脱斡孫
嶺 塔把安
浪 多里吉顔
潦 兀耶兒
溝 速把
潭 扯額
井 古都黒
鄉道 阿亦二
山峇 脱忽侖
山澗 豁必
邊邦 乞扎兒兀魯思

墩臺 忽敦

時令門

春 帢不兒

冬 兀奔

晝 兀都兒

晚 兀迭失

熱 帢剌溫

冷 拙延

今年 額朶桓

前月 兀里赤撒剌

去年 那克赤克先桓

小河 豁兒豁

夏 諄

時 察黑

夜 雪尒

伏 赤里格兒

暖 都剌安

今 額朶額

前年 兀里赤桓

今日 額朶兀都兒

舊年 帢陳桓

流水 斡羅孫兀孫

秋 納木兒

年 桓

午 兀都兒都力

涼 薛里溫

凍 可兒伯

旱 哈塔阿兒

今月 額朶撒剌

前日 兀里赤兀都兒

明日 馬納兒兀都兒

昨日　兀赤干兀都児
除夕　扎不撒児雪你
由旬　帕剌

花木門

松　納剌孫
葉　納不陳
杏　圭列孫
芥　乞赤
柏　阿児察
柳　希扯孫
根　兀扎兀児

正旦　兀都児失你
古昔　别列児額児迭
始初　昂脱侖
花　扯扯
果　者迷失
梨　阿里麻
草　額别孫
榆　凱剌孫
荆　孛羅克潮
蓬　坎蛤温

清早　馬納蛤児額児帖
四季　朶児别察黒
終末　額出思
竹　苦魯孫
棗　赤不罕
菜　那鵠
木　抹都
檜　赤郭児孫
枝　格石温
蒿　石剌里真

種 許列
米 阿門
蒜 撒林撒
龍眼 禄你敦
西瓜 阿兒不思
茄子 把丁蛤
黄米 失刺阿門
白豆 察罕不兒察
青豆 闊〻不兒察

鳥獸門

龍 禄

粟 豁諾
葱 莎汪吉納
核桃 只阿
大麦 阿兒拍
甜瓜 蛤温
蘿蔔 土兒麻
細米 納淋阿門
紅豆 忽刺安不兒察
黑豆 蛤刺不兒察
虎 把兒思

豆 不兒察
韭 豁〻孫
葡萄 兀遵
小麦 不兀歹
葫蘆 蛤把
粳米 秃〻罕阿門
粗米 不都温阿門
緑豆 那豁安不兒察
結子 債都兒長加
象 扎安

熊 斡脫菖
騾 老撒
兔 討来
羊 豁你
狼 赤那
狐 忽揑
禽 失保温
鴨 那豁孫
龜 納黑蔑揑該
虱 孛額孫
翅 周兀兒

鹿 不忽
驢 額里只干
牛 兀格兒
獐 阿刺台
豺 褚額别里
猴 别嗔
雞 打蛤
狗 那孩
鷩 兀速秃蔑揑該
蝗 丑兒格
燕 蛤里牙察

馬 抹林
駒 兀奴罕
猪 蛤孩
彪 蛤兒忽刺
猫 覔石
飛 你思忽
鵝 蛤老温
魚 只蛤孫
蛇 抹孩
翎 斡敦
鵲 撒只孩

貞節堂袁氏鈔本

爪 把温
皮 阿剌孫
犀牛 克兒思
牯牛 不花
青鼠 克列門
鼬鼠 那鑾
綿羊 脫列
羖䍽 亦馬安
百雄 札哈里埋
燕色 苦狼
棗留 克兒

蹄 土魯温
駱駝 帖蔑延
毛牛 斡脫思
貂鼠 不魯罕
銀鼠 兀南
兒馬 阿只兒哈抹林
野羊 帖克
花豹 撒兒
黑馬 哈剌抹林
紫馬 可郎
紅沙 不魯兀兒

嘴 豁石温
師子 阿兒思藍
乳牛 兀捏延
黃鼠 竹木藍
黃羊 者連
騸馬 阿黑塔
羝羊 忽察
白馬 察罕抹林
走獸 牙不忽魯速
虎剌 苦剌
花馬 阿剌

海馬 打来囙抹林
西馬 阿兒思麻
野馬 谿藍
鳳凰 蛤魯的
仙鶴 奄兒孫
鷺鷥 脫兀老温
黄鷹 蛤兒赤孩
黑鷹 不魯骨
鵓鴿 可可兒赤干
松兒 剌黑

宮室門

海留 蛤里温
騎馬 抹林兀奴
上馬 抹林剌
孔雀 討兀思
天鵝 渾
鴛鴦 昂吉兒
角鷹 出忽兒
班鳩 枯扯耶
鵜鶘 剌臣
蚊子 孛可兀納

銀合 石兒阿
赤馬 者兒特
下馬 抹林保
海青 升谿兒
鸚哥 脫提
野雞 古兒救
老鸛 列克列克
兔鶻 赤帖羅骨
蜘蛛 蛤阿里真

宮 斡兒都
房 格兒
限 孛莎哈
閑 哈阿
簾 克兒哭
門扇 哈安哈
鋪面 克必
上梁 你魯額兒谷
店房 格乞
天窓 斡羅

器用門

殿 哈兒失
磚 克兒必石
柱 禿勒哈
橋 克兀兒格
竈 豁倫塔
社稷 納兒派
院落 豁里顏
拆房 格兒額不旦
房簷 岁剌不赤

門 額兀顛
瓦 察忽剌孫
閘 你額
塔 速不兒罕
寺廟 速蔑格兒
屋脊 格侖你里溫
起蓋 格兒孛思把
帳房 茶赤兒
屋椽 格侖哈不孫

車 帖児格
輻 克克孫
牌 哈勒哈
弓 膂門
甲 忽牙
犁 安扎孫
箏 牙土罕
盤 塔剌把児
櫃 古蔑格児
燈 主剌
印 談哈

輪 克児敦
輞 抹額児
鎗 只塔
旗 斡郎哈
鐙 多羅額
槽 汪哈察
瓶 籠合
銚 亦剌哈
杴 毪
針 勺温
箒 失兀児格

轅 阿藍
鞭 米納
斧 速克
箭 速門
砲 斡児不兀児
繩 迭額速
盞 察渾阿牙哈
匙 罕不花
囊 呼呼塔
梯 格赤吉兀児
筆 兀祖

譯語 四十 貞節堂袁氏鈔本

紙	察阿孫
杵	迋豁
席	赤亦兀孫
秤	把蠻
鑼	常
卓	失列
筯	搠乞
箆	失兀兒
匣	哈兀兒察
車頭	不魯
小鼓	慷格兒格

墨	別克
臼	阿兀兒
床	亦薛里
枕	迭列
炭	捏兀列孫
剪	海尺
鞍	額墨
傘	書庫兒
柴	土列
車廂	影兀剌
頭盔	都剌兀

鍋	脫豁安
碗	阿牙哈
鎖	搠斡兒哈
鏡	脫黎
火	哈勒
座	掃力
鞊	莒〻墨
粉	華
燒	禿勒
大鼓	顆兒額
轡頭	哈塔阿兒

環刀 温都
木盆 察剌
大網 忽不赤兀兒
拍板 察吉兒
嚼環 招兀債
湛水 撒不帢
扇子 迭乞兀兒
布袋 忽塔

衣服門

衣 迭延
被 款只列

弓弦 闊不赤
器皿 撒把
交床 撒塔里
嚼子 唐格刀
秋根 者克秃兒克
鐵鞭 塔木、米納
纓子 扎剌
帶 不些
幔 闊失格

鑣刀 蛤都兀兒
燈盞 主剌不赤
肚帶 斡郎
攀胷 苦木都度兒
韁繩 赤勒不兒
脚絆 赤都兒
千斤 赤淋
袖 侃純
綉 蛤兒忽米

錦 察麻
線 忽達孫
靴 忽都孫
裙 豁兒麦
衣襟 豁兒麦
腰線 不赤
生絹 勇豁兒
表裏 阿塔兒朶脱兒
虎斑 帢剌孩
夾衣 罕塔迭延

飲食門

綿 闊達孫
布 孛思
鞋 察魯
補 那看
衣領 迭額侖扎帢
褥子 迭不思格兒
皮襖 揑克迭延
剪絨 把攣
織金 朶克麻奄塔禿
紗帽 脱羅因馬帢剌

氊 洗思格
麻 斡羅孫
袴 額木敦
縫 斡耶
衣帶 不赤
熟絹 乞不
叚子 土兒格
氊襪 闊亦抹孫
单衣 你干迭延
帽子 馬帢剌

酒	打剌孫
肉	米罕
醋	失兒克
藥	諳
割	額刻
飢	斡列思把
筵宴	忽林
酥油	失剌脫孫
乾肉	哈塔哈三米罕
駝奶	愛亦剌
調和	豁里

飯	不塔
油	脫孫
酪	塔剌克
味	唵壇
煮	赤納
飽	察把
肉生	米罕禿渾
燒餅	兀蔑克
乳餅	必失剌
乾酪	忽魯
炒麪	塔兒哈

湯	書連
鹽	塔不孫
粥	不塔安
嘗	奄撒
切	克兒赤
喫	亦迭
膏糜	阿木孫
燒肉	失剌哈三米罕
馬奶	額速克
熬酪	阿阿兒赤
奶皮	斡兒蔑

酸甜 朶黑甚奄塔孫
苦醎 阿失渾谿兒只
新飯 失你不塔

珍寶門

金 奄壇
玉 哈石
銅 轍思
石青 阿兒阿出
生銅 失列門
珠砂 奴兀兒
金帶 奄壇不薛

渴了 穩塔思把
咬嚼 招兀只兒
甘蜜 捨克兒
銀 蒙昆
珠 速不
錫 秃温罕
水銀 果里延兀孫
水晶 孛羅兒
珊瑚 失儈
銀帶 蒙昆不薛

熬煎 不察阿郝兒
舊飯 哈兀陳不塔
滚了 不察二阿
寶 額兒的泥
錢 卓斡思
鐵 帖木兒
大珠 塔納
才物 麻兒哈剌
琥珀 苦剌
金碗 奄壇阿牙哈

銀碗　蒙昆阿牙哈
玉帶　哈石不薛

人事門

聽　莎那思
見　兀者
教　速兒哈
添　捏蔑
催　斡脱兒列
想　都剌
思　薛乞
告　扎阿

金鍋　奄壇脱豁安
鐵鍋　帖木兒脱豁安
誇　馬黒塔
迎　兀黒禿
拿　把里
減　保兀剌兀
記　脱黒忽阿
隨　塔哈
到　古兒伯
止　脱里克

銀鍋　蒙昆脱豁安
窺　失哈周兀者
捜　能知
擡　額兒故
認　塌你八
省　兀哈八
審　孛魯哈阿
問　阿撒
待　古里扯

擇	莎汪古
回	帢里
唱	倒剌
舞	孛知
嘯	失思其兒
走	癸亦
坐	掃兀
愁	赫魯模
去	約兒赤
怕	阿余
喜	把牙思八

戲	納阿敎
来	亦列
睡	穩塔
醉	莎塔八
立	擺宜
跪	莎葛
事	委列
起	孛思
愛	塔阿藍
送	許迭
嗔	孩抹思八个

行	牙不
言	兀格
請	古列
罵	莎可
打	占不赤
笑	亦捏額
夢	招兀敎
羞	希扯
出	帢兒
喚	兀里
嫵	豁魯八

忙 歹藍
猜 塔阿
愚 蒙哈
賞 莎奈兒罕
載 帖額
癡 哈泥
推 土里奇
過 那赤
扶 帖窟
扯 塔列
要 阿不

勤 乞扯央古
窮 兀格兀
懶 扎里孩
盖 不兒窟
會 哈藍
撤 阿思哈
掛 額列吉
入 斡羅
敲 迭列
索 忽奈
傾 土俗兒

惜 哈亦剌藍
怒 其今藍
誠 呈
富 伯顔
倚 失秃
捲 額不克
翻 忽兒八
掃 拭兀兒
救 阿不剌
放 塔里必
壓 塔魯

算 撒納
射 蛤兒不
管 蛤塔蛤剌
牽 可團
覺了 薛列八
少睡 那魯忠
省諭 都兀里安
生受 勺孛郎
譏笑 酸直
爽利 必失温
聰明 薛禪

拴 忽牙
尋 額里
脫 木里禿
買 忽塔里周阿不
知了 蔑迭八
歇息 阿木
相遇 勺羅罕都八
睡覺 薛里別
多能 蔑兒干
能的 赤塔黑赤
改換 也兀格

與 斡克
補 那可
鞴 脫忽
賣 忽塔里都
分離 蛤〻察
叩頭 木兒沽
表文 斡赤克
相愛 阿抹剌
快樂 只兒蛤郎
安排 勺乞牙
商量 額禿都

報恩 哈亦哈里温
擡舉 阿撒剌
作伴 那可徹
求討 鬼剌
恐嚇 哈阿藍
一同 會禿阿兒
保護 亦協延

聲色門

青 闊闊
白 察罕
紫 只希因

分付 塔温
緣故 申塔安
謝恩 納蠻亦剌
帶著 者兀周
收拾 忽剌
推辭 申塔藍
紅 忽剌安
緑 那豁安
素 失亦擔

分揀 亦勒哈
憐恤 額捏里恢
丁寧 打不丹
引領 兀都出
作事 委列惕
自由 斡額侖都剌八巴
黄 失剌
黒 哈剌
聲 搗温

色 汪哥
香 古直
大紅 阿勒
柳青 希扯孫闊〻
明綠 格千那豁安

數目門

一 你千
四 朶兒邊
七 朶羅安
十 哈兒班
四十 朶嗔

影 小兀迭兒
氣 阿兀兒
灰色 孛羅
桃紅 擲黑嗔忽剌安
鴨綠 那豁孫
二 豁牙兒
五 塔奔
八 乃蠻
二十 豁林
五十 塔賓

光 格連
明亮 格千阿里渾
駝褐 帖篾延汪哥
柳黄 希扯孫失剌
通紅 兀不忽剌安
三 忽兒班
六 只兒瓦安
九 也孫
三十 忽嗔
六十 只藍

七十	塔藍
一百	你干扎温
四百	朶兒邊扎温
七百	朶羅安扎温
一千	你干敏安
四千	朶兒邊敏安
七千	朶羅安敏安
一萬	你干土綿
四萬	朶兒邊土綿
七萬	朶羅安土綿
十萬	帢兒班土綿
八十	乃顔
二百	豁牙兒扎温
五百	塔奔扎温
八百	乃蠻扎温
二千	豁牙兒敏安
五千	塔奔敏安
八千	乃蠻敏安
二萬	豁牙兒土綿
五萬	塔奔土綿
八萬	乃蠻土綿
萬萬	土克土綿
九十	也連
三百	忽兒班扎温
六百	只兒丸安扎温
九百	也孫扎温
三千	忽兒班敏安
六千	只兒丸安敏安
九千	也孫敏安
三萬	忽兒班土綿
六萬	只兒丸安土綿
九萬	也孫土綿
數目	脱可

多少 斡鑾啜延
一塊 你干克薛
寸尺 脫孩亦迷忽
獨單 恰察斡列額孫
一總 你干也魯
一托 你干奄二塔
軟善 勺藍那木安

身體門

身 別耶
眼 你敦
鼻 恰把兒

一般 你干主因
半塊 扎林禿
一定 你干素
幾羣 克敦續魯
一件 你干只兀兒
一言 你干兀格
升斗 升子深
頸 帖里温
額 奔来
耳 赤勤

一隻 你干闊式
兩錢 失只兒把乞兒
一把 你干阿牙
配合 吐失不侖
諸般 恰木麦禿
一付 你干主亦二
面 你兀兒
腮 恰察兒
口 阿鑾

舌	克連
掌	哈剌罕
肺	阿兀失吉
齒	失敦
脣	忽侖
脾	迭里温
腹	克額黎
躁	失阿
膁	失里必
筋	失兒不孫
脉	速塔孫

心	主魯刋
指	忽魯温
腰	别勒
眉	哈泥思哈
膽	雪呂温
肘	脱孩
脚	闊勒
臁	闊赤孫
血	赤孫
肉	米罕
唾	紉勒不孫

手	哈兒
肝	黑里干
脊	你黑温
肩	木魯
腋	速兀
肋	哈必兒哈
腸	格迭孫
髓	赤蔑干
骨	牙孫
涕	你孫
汗	闊劣孫

禿 塔剌孫
淚 紉勒不孫
瘦 土魯罕
心坎 窩羅
肋肢 哈不孫
脚底 兀剌
性命 阿民
禮 脱列
志 勺里

方隅門

東 朶羅納

靨 猛格
吃 克列該
肥 塔魯渾
腿膝 古牙額不都克
腰子 孛額列
後根 斡莎哥
仁 紐列思魁
知 兀哈安
德 阿不里
南 額木捏

瞎 莎合兒
瘸 朶合郎
聾 都来亦
指甲 乞木孫
脚面 斡里迷
膝盖 脱不克
義 乃剌灰
信 必失列温
西 阿羅捏

北 兀蔑列
下 朶剌
前 兀魯失
右 把剌温
稍 兀主兀兒
斜 拙里兀

通用門

易 乞里把兒
無 兀該
似 阿塔里
非 不魯兀

中 敦塔
内 朶脫剌
後 槐納
間 扎兀剌
底 喜魯阿兒
歪 莫里兀
難 別兒克
有 備
同 撒潮
實 兀南

上 迭額列
外 哈塔納
左 者温
邊 乞扎兒
隣 苦兒失
不 兀禄
休 不秃該
是 悶
虛 豁脫兒忽

疾 斡兒帖
慢 多劣延
高 温突兒
短 斡闊兒
深 昆
輕 𨑒干
横 款多連
斜 拙里兀
滿 都兀連
舊 帢兀陳
方 朶兒邊勒真

緩 阿魯兀兒
大 也克
低 孛谿泥
遠 闊
淺 果延
寬 阿危
豎 温都思
明 格〻延
闊 斡兒堅
圓 脱蔔里
薄 愢堅

緊 土兒堅
小 兀出干
長 兀兒禿
近 斡亦剌
重 坤都
狭 希兀壇
平 土不申
渾 不籠吉兒
新 失你
匾 帢八塔孩
厚 主扎安

軟　扯額連
直　失都兒忽
舒　迭里格
脆　克別列
未　兀堆宜
歹　毛温
安妥　阿木忽郎
這里　延迭
何用　牙温克列
太平　昂克
無妨　兀祿哈里扎忽

硬　哈討兀
窄　赤忽
利　忽兒察
初　脫侖
全　帖骨思
好　撒因
明白　哈〻兒孩
那里　田迭
近間　斡亦里
潔淨　阿里温
若是　克兒別

曲　額郢古
散　塔兒哈
鈍　抹和塔
了　把剌八
能　赤耽
不能　牙耽
顛倒　帖禿魯
好生　撒因禿兒
到今　額者額窟兒帖列
隨即　塔雷突兒
雖是　克堆把

怎生 克兒

為這般 額兀別兒

麼道 克延

為那般 挑兀別兒

委兀兒譯語

天文門

天 忝頟力
月 愛
雪 嗒兒
煙 體呑
霜 手得林
天上 忝頟力五思呑
天高 忝頟力也的子
天曉 忝頟力湯啞禄的
黃天 撒立忝頟力

雲 課克
星 雨里都子
雨 養兀兒
天河 忝頟力得兒呀
雷 禄刺阿思
天下 忝頟力阿思廷
天陰 忝頟力卜禄孛里的
天鑒 忝頟力科来都兒
黑天 噶刺忝頟力

日 昆
風 硯勒
冰 木子
露 黑牢
雹 門都兒
天邊 忝頟力客到
天晴 忝頟力阿赤里的
青天 闊克忝頟力
天紅 忝頟力格即兒

貞節堂袁氏鈔本

青雲　闊〻課克
白雲　阿勒課克
雲起　課克科卜
日出　昆赤黑的
日長　昆五遵
日蝕　昆土秃里的
月圓　愛興麻刺的
月黑　愛噶刺
月盡　愛嵒習的
星多　與里都子脱羅
星明　與里都子啞祿

紅雲　刻即勒課克
黑雲　噶刺課克
雲開　課克阿赤里的
日落　昆把習的
日短　昆克思哈
月出　愛赤黑的
月缺　愛啞林
月蝕　愛土秃里的
星出　與里都子赤黑的
星少　與里都子阿子
雷響　祿哭兒若勒的

黃雲　撒立課克
五色雲　别失翁六課克
雲散　課克塔兒哈的
日中　昆秃失的
日煖　昆以夕
月落　愛把習的
月明　愛啞祿
月滿　愛脱力的
星落　與里都子把習的
星光　與里都子奴兒
風起　硯勒科卜

風息 硯勒禿兒
風来 硯勒久
黄風 撒立硯勒
大雨 五魯養兀兒
細雨 引赤格養兀兒
無雨 養兀兒的
下霜 阿噶都兒黑牢
冰凍 木子桶的

地理門

地 葉兒
泉 卜刺

風大 硯勒五魯
旋風 苦運硯勒
寒風 掃兀克硯勒
下雨 阿噶都兒養兀兒
雨住 養兀兒禿兒
下雪 阿噶都兒噶兒
下露 阿噶都兒手得林
山 塔
井 苦都

風小 硯勒乞赤
黒風 噶刺硯勒
小雨 乞赤養兀兒
緊雨 覇忒養兀兒
有雨 養兀兒把兒
下雹 阿噶都兒門都兒
下霧 阿噶都兒馬難
土 脱夫刺
園 谿欒把波兒六

墻	炭
水	速
嶺	呀噶
市	把雜兒
海	得兒呀
田	塔剌牙
草	撒慢
墳	麻雜
山高	塔也的子
山尖	塔兀赤
山川	塔串
塵	啞
石	他物
闌	乂剌兀兒
邊	克列
河	木連
野	啞賁
橋	谿甫祿
堤	肯兒
山低	塔啞必子
山頂	塔把石
山上	塔五思呑
泥	把兒赤
路	院力
城	把力舍哈力
口	阿兒傣
樹	塔剌
沙	坤列克
堆	朶ミ剌
川	串
山陡	塔禿里兀子
山嶺	塔呀噶
山下	塔阿思廷

山前	塔以力草力
石失	他失塔
水清	速闊克
水流	速啞噶
河寬	木連羌
河邊	木連客例
大石	五魯他失
細沙	引赤草坤
新橋	央谿補录
小路	乞赤院力
路遠	院力亦剌

山後	塔遣印
水深	速帖速
水渾	速賴
水急	速覇忒
河窄	木連塔児
河乾	木連苦魯
小石	允紗他失
石橋	他失谿補录
舊橋	也西乞谿補录
山路	塔院力
路近	院力阿艮

青山	闊克塔
水淺	速啞蔑子
水綠	速啞甚
水悠	速阿思荅
河心	木連與樂
河灣	木連野及児
麄沙	咬歠坤
板橋	噶勒噶谿補录
大路	五魯院力
分路	矮力的院力
路平	院力替子

路窄　院力塔兒
菜園　亞失把黑乂
竹蘺　噶蜜失炭
和泥　把兒赤有兀兒
城裏　把力以沉塔
路泥　院力把兒赤
花園　扯扯把黑乂
温泉　以立卜剌
出城　把里赤黑的
城外　把力他沉塔
分田　與勒失惕
菓園　也蜜失把黑乂
冷泉　掃兀卜剌
入城　掃里乞兒的
地界　葉兒阿噶

地名

撒馬兒罕　撒馬兒酣
泥水灘　肯兒把兒赤
一箇聖城　必兒啞祿兀子脫因
小天方　兀出干忝額力
九眼泉　脫庫子卜剌
土魯番　土兒番
黑虎窩　噶剌巴兒思
一箇女人城　必兒哈吞炭
黑羊群　噶剌塊
苦峪城　苦欲把里
石頭城　他失把里
狼地方　伯律葉兒
大天方　也客忝額力
黑風川　噶剌克思剌
三顆樹　玉除塔剌

騙馬城 影聶赤
肅州 肅出
涼州 額兒焦
藍州 噶剌木連
北京 罕把里

時令門

春 呀子
冬 克失
晝 坤都子
熱 以夕
早 額兒帖

大草灘 條故祿自欒
甘州 甘出
黄羊川 者連串
陝西 勤昌府
夏 塔必系
年 蔭
夜 客轍
温 以立克
午 昆土失的

夾嶺關 义剌兀兒
三跳澗 玉除阿力
黒松 噶剌阿察塔剌
河南 客尔帖木連聶
秋 哭子
時 察黒
寒 掃兀
涼 寫六温
旱 苦魯的

澇 速剌的
明日 湯勒
今年 卜蔭
前年 以力革力蔭
一年 必兒蔭
五十年 眼力刻蔭
萬年 土慢蔭
二月 以乞愛
五月 別失愛
八月 寫乞愛
十一月 灣必兒愛

凍 統的
今月 卜愛
明年 湯蔭
正旦 昆養赤泥愛
五年 別失蔭
百年 玉子蔭
萬萬年 土克土慢蔭
三月 玉除愛
六月 阿兒惕愛
九月 脫庫愛
十二月 灣以乞愛

今日 卜昆
出月 赤哈兒愛
去年 把祿蔭
古昔 卜侖
十年 灣蔭
千年 命蔭
正月 昆養愛
四月 嗢兒愛
七月 也惕愛
十月 灣愛
一日 愛寧必力

二日 愛寧以乞
五日 愛寧別失
八日 愛寧寫乞于
十五日 灣別失昆
幾日 聶轍昆
二更 以乞帕思
五更 別失帕思
牛年 威蔭
龍年 祿蔭
羊年 塊蔭
狗年 義忒蔭

三日 愛寧玉除
六日 愛寧阿惕
九日 愛寧脫庫子
二十日 以及兒蜜昆
幾夜 聶轍克車
三更 玉除帕思
天明 湯啞祿的
虎年 巴兒思蔭
蛇年 末外蔭
猴年 伯嗔蔭
猪年 桶几子蔭

四日 愛寧噓兒
七日 愛寧也惕
十日 愛寧灣昆
三十日 我噓子昆
一更 必兒帕思
四更 噓兒帕思
鼠年 西赤兒罕蔭
兔年 討失刋蔭
馬年 阿忒蔭
雞年 討几克蔭
十歲 灣亞失

五十歲 眼力克亞失
萬歲 土慢亞失

花木門

葱 瑣戳
豆 卜兒察
枝 補塔
種 土吉
米 取巨
茶 撒慢
核桃樹 養阿塔剌
杏樹 月祿塔剌

百歲 玉子亞失
韮 考兒德
花 扯〻
葉 阿補兒塔
竹 噶窰失
菜 啞失
香 孛亦
葡萄樹 與俊帖乞
棗兒 厦夫塔祿

千歲 命亞失
蒜 撒林撒
菓 也窰失
根 亦里的子
木 以阿失
薑 簪失勒
梧桐 脫苦剌兀塔剌
梨樹 阿兒木塔剌
栗子 討失利伯兀勒吉

柿餅	阿羅伯的
黑棗	噶剌褚卜安
西瓜	哈兒卜思
蘿蔔	土兒麻
砂果	苹奈兒也窑失
罷覓	那谿卜兒察
豆蔻	勺兀思
丁香	噶藍夫兒
番紅花	雜夫剌
大樹	五魯塔剌
砍樹	乂補塔剌
核桃	巻阿
松子	撒木兒
甜瓜	考溫
胡蘿蔔	克奈兒土兒麻
青稞	阿兒帕
麦子	卜故大
挂皮	坎的思
蘇木	馬刋
烏木	噶剌以阿失
上樹	阿黑塔剌
摘花	與聚扯〻
梨兒	阿兒木
石榴	納兒
茄子	把丁阿
砂葱	苦脉力
瑣〻葡萄	坤住與俊
胡椒	菲兒肺兒
蓽菝	痞兒礕兒
茜草	斡羅丹
綿花	把黑塔
高樹	也的子塔剌
帶花	查安赤扯〻

花開 扯〻阿赤力的
大黄 羅烟赤
橋桐城 脫苦刺兀

人事門

見 科兒的
拿 把力
走 與里
問 索来
告 以兒阿力
笑 坤里的
愁 啞藍的

花卸 扯〻褚失的
硫黄 忽〻的兒
藥材 打魯
聽 以失里惕
来 久
跑 與故兒
說 矮揚
討 体勒都兒
愛 小外都兒
羞 五呀的

麝香 亦帕兒
硇砂 努沙的兒
樺皮 杝子
叫 乂兒刺
去 把兒
往 秃兒
随 也得兒舍
喜 小文的
怒 阿赤藍的
怪 啞慢刺

能	虎奈兒
惡	啞麻安
閑	亦失的
罵	雪克
回去	啞泥把兒
打攪	條術失
戲耍	外納里
向前来	以力革力欠
安排	刺撒阿力
相遇	五出刺的
歇息	挺的

愚	帖里伯
好	啞黑失
忙	亦失啞藍
知道	必兒的
分離	矮亦兒的
謝了	紗把失
艱難	豁兒噶赤
往後站	遣印禿兒
改換	阿力失
認的	塔泥的
記的	必兒的

善	咬襪失
歹	啞麻泥
打	兀兒
勾了	也兒惕
生受	奄干的
快樂	阿塞亦失
憐憫	刺罕
分付	矮揚別兒
收拾	與故失都兒
歡喜	小文的
忘了	五怒的

幹事 亦失客来
商量 遣額失
上馬 阿忒命
飲馬 阿忒速阿兒
拿馬 阿忒秃
厮殺 諂乂都兒
跟隨 額得兒舍

朝儀

跪 與坤
叩頭 你呀思
謝恩 罕與茰塔巴兒乂安沙八失

甚麼 聶都兒
講和 啞剌失噶
下馬 阿忒除失
放馬 阿忒塊兒
拿住 把里秃
哀告 得兒花子
出力 苦赭赤阿的
拜 把兒乂安
起来 課卜
進駝 條外塔兒惕

怎麽 聶出客来
緣故 亦失勒力
歇馬 阿忒挺杜兒
跑馬 阿忒乂卜
搶奪 塔剌失罕
情愿 怨輸怒
鞠躬 孛可亦
賞賜 索亦哈
進玉 哈失塔兒惕

進獅子 阿兒舍兒塔兒惕
進鐵脚皮 帖克撒罕勤塔兒惕
進番字本 土兒乞哈忒塔兒惕

人物門

皇帝 罕
陰陽 把根赤
通事 克勒脉赤
官人 别克乞失
母親 阿難
軍人 扯力乞失
頭目 把失剌

進豹 玉子塔兒惕
進羚羊角 瑣葉塔兒惕
求討職事 斡羅亦失惕勒都兒
大臣 五魯禿失慢
太醫 忒必
老人 嗢力乞失
徒弟 廛吉兒
哥〻 阿〻
百姓 塔里呀赤
奴婢 坤勒兒

進鑌鐵銼 普剌忒考来塔兒惕
進方物 葉兒乃兒塞塔兒惕
勅書 啞尔力
大人 五魯乞失
師傅 五思塔
朋友 阿〻以泥
父親 阿壇
兄弟 以泥
使臣 額里赤
小兒 乞赤襖藍剌兒

皮匠 越禿赤
廚子 孛兀赤
姐姐 額格赤
男子 額兒
妻 也卜赤
丈母 鎧阿難
新人 陽乞失
善人 咬襪乞失
能人 脉兒罕乞失
銅匠 把額赤
画匠 赤即黒赤

獵人 襖赤
打魚人 把里赤
大伯 五魯阿壇
兒子 惡温
妹子 醒客
親家 忽荅
舊人 也西期乞失
惡人 啞蠻乞失
木匠 也阿赤
泥水匠 把兒赤速赤
油漆匠 洗兒赤

牧馬人 阿忒苦兒罕
伴當 乂夜
伯母 五魯阿難
孫 聶伯列
丈人 鎧阿壇
兩姨夫 把扎
好人 啞失乞失
閑人 打剌罕乞失
鐵匠 帖木赤
染匠 孛呀赤
氈匠 起羲子赤

錫匠 豁兒嗒順赤
裁縫 得兒祭
打鼓的 董故魯兀赤
身體門
身 伯亦
眼 豁卽
耳 苦刺
齒 惕失
唇 克列額
瞎 嗒牢
生 土胡兒

銀匠 苦嗘失赤
唱的 以兒刺赤
賊人 禊果力
頭 把失
額 莽来
口 阿兒祭
眉 嗒失
肉 夜帖
聾 撒牢
死 額兒的

石匠 塔失赤
舞的 側赤
從人 也得兒舍乞失
面 玉子
鼻 孛兒泥
舌 惕里
髮 撒尺
血 哈安
瘸 阿撒
性命 扎安

衣服門

絹 脫兒嚐

襪 烏克

裙 額帖

褥 上合

圓領 與抹呀嚐

氈衫 怒麦兒干

青紅布匹 闊克格祭兒孛子

綿花 把黑塔

飲食門

米 取吉

布 孛子

針 影納

褲 以雜兒

段子 討襪兒

補子 闊哭子

枕頭 呀速禿

顏色表裡 公六克亦赤塔赤

麪 溫

靴 月禿

線 亦批

被 咬兒利

衣裳 脫安

披肩 苦剌卜赤

番夏布 馬夫禿

生絹 永科兒

油 脫孫

塩 秃子
湯 所兒巳
酒 索兒麻
飲 亦赤

器用門

車 兀力 阿剌剌八
欖 散塔力
鎗 只塔
箭 鉞
甲 苦啞
墨 脉克

醬 醬
飯 阿失
糖 捨客兒
吃 葉
盞 赤各撒
鑼 穰阿剌
刀 克林赤必乂
旗 阿藍秃克
印 塔木阿
筆 噶藍兀卒

醋 洗兒克
茶 嗹濮兒噶撒慢
蜜 撒阿力
棹 失勒
鼓 董故兒
弓 啞
盔 杜兀魯噶
紙 噶阿子
硯 都夜

鍋 噶簪
筯 超乞
棃華 奄扎孫
喇叭 卜兒故
銅鍋 把額兒噶簪
鑾頭 噶塔
鞭子 刋出

鳥獸門

雁 啞即噶子
鵝 噶子
龍 祿

盤 塔巴
櫃 散杜
湯瓶 阿夫塔巴
嗦吶 索兒奈
海叭 莫外把失
肚帶 五郎
韁繩 褚里卜兒
鴨 額兒得克
燕 噶兒祿阿赤
虎 巴兒思

碗 阿呀哈
燈 赤剌
酒壺 索兒麻郎豁
邊鼓 康革兒革
座兒 掃兀兒
嚼環 瓜寨
鵲 庫失哈失
鵰 彫里干
豹 玉子 舍了孫

馬 阿忒
鹿 卜兀
熊 黒兒思
麟 鎧兒速
蛙 篾聶該
鳳凰 秃里台噶魯的
仙鶴 阿里速
兎鶻 亦帖羅故
斑鳩 把黒惕
麒麟 阿兒倒兀兒
海獺 坤都子

騾 噶赤兒
狼 伯律
毛 擁
魚 把里
蚤 卜兒格
海青 昇豁兒
孔雀 討兀兒
鴉鶻 剌嗔
龍朶兒 土林台
羣羊 客兒思
貂鼠 欺失

驢 也舍克
象 啞安
卵 興木兒思噶
蛇 未外亦剌安
虱 批惕
天鵝 混 忝顔力噶子
野雞 討兀克
鸚鵡 脱替
蝗蟲 醜兒革
獅子 阿兒思藍
銀鼠 阿系

騸馬 影納阿忒
馬駒 故倫
騍駝 体失条外
西馬 脫卜察
赤馬 者兒得阿忒
蜘蛛 斡里脉真

宮室門

皇城 罕把里
御橋 罕䠀補禄
寶座 額兒迭泥散塔里
帳房 乂赤兒

兒馬 矮跟兒阿忒
騸駝 影納条外
塔剌花 塔兒卜安
青馬 闊克阿忒
黑馬 嗒剌阿忒
螻蟻 赭麦立
金門 奄里吞嗒卜
御路 罕院力塔
金臺 奄里吞
瓦房 乂苦剌孫威

騍馬 擺他阿忒
兒駝 補兒阿条外
乳牛 以納克畏
白馬 阿克阿忒
棗騮 茄葉兒阿忒
宮殿 斡尔多
金牌 奄里吞勞黑
門扇 嗒卜嗒勒哈
館驛 呀奄 保里思

街市 把雜兒	房屋 威	墻壁 炭
溝渠 阿力	寺 卜忒威	樓 也的只威
門 噶卜		
方隅門		
東 昆赤黑的	西 昆把習的	南 昆禿失的
北 帖邊	上 五思呑	下 阿思听
前 以力革力	後 遣印	內 以沉得
外 塔沉得	左 啞泥哲卜	右 不撒力
明白 啞祿	顛倒 帕思苦納	零碎 褚卜乂乂兒
通用門		
厚 噶林	薄 興僕哈納	緊 覇忒

慢 阿思塔
長 五遵
硬 噶惕
平 替紫
無 約
虛 啞干兒苦魯
淺 啞必子
斜 也雞兒
匾 阿習
認 塔泥
立 禿兒

寬 强
短 克思哈
新 陽
滿 脫亦的
難 杜失瓦兒
實 慎剌思的
横 阿禿哭兒
直 鼎杜兒故
添 與習帖
丟 塔剌的
坐 斡里朶兒

窄 塔兒
軟 允沙
舊 也習乞
有 覇兒
易 翁愛
深 帖浪
豎 土兒兀子
圓 兩麻剌
減 赤哈兒
討 体列都兒
進 乞兒

退 遣印
放 塊
好 阿黑赤
遠 亦剌
少 阿子
擡 豁禿兒
不是 也麦思
那里 奄塔
聰明 薛禪藉列克
智謀 阿艮礼塔藍

珍寶門

過 越兒的
數 撒納兒
高 也的子
近 阿根
大 五魯
冥 撒剌
不好 啞麻泥
太平 阿麻安
爽利 阿力克
安樂 阿塞亦失

出 赤黑
是 也祿兒
低 啞必子
多 脫羅
小 乞赤
請 引迭
這里 們塔
無事 亦失約
德行 母兒外忒
無妨 卜兒馬失

金 奄里吞
玉 哈失
珊瑚 麻児扎安
鑌鐵 普剌
珊瑚珠 麻児扎安卜祿児
金壺 奄里吞郎合
銅 哲系把額
鐵 帖木児

聲色門

紅 格即児
白 阿克

銀 苦蛮失
珠 允柱卜魯児
瑪瑙 阿黒黒
琥珀 苦乞
金耳墜 奄里吞洗児噶
金索 奄里吞臻執児
錫 豁児噶順
黄 撒力
黒 噶剌

寶 額児迭泥
錢 啞児麻
金剛鑽 阿思馬思
魚牙 把力惕失
金戒指 奄里吞興卒
銀筯 苦蛮失超乞
鉛 噶剌豁児噶順
青 闊：
綠 啞甚

紫 亦補歆
顏色 公祿克

數目門

一 必兒
四 啞兒
七 也惕
十 灣
四十 黑兒
七十 也惕密失
百 玉子
萬〻 禿克土慢

藍 蔣噶力
花名 扯〻克
二 以允
五 別失
八 寫乞子
二十 以及兒密
五十 眼力克
八十 寫乞線
千 命
一分 必兒分

大紅 阿勒五魯克即兒
五綠 別失郎吉土兒律
三 玉除
六 阿兒惕
九 脫哭子
三十 我脫子
六十 阿兒惕密失
九十 脫克線
萬 土慢
一錢 必兒米思哈

一两 必兒些兒
一丈 以乞苦剌赤
単 他克
稠 苦欲
數 撒納

一斤 必兒把惕慢
輕 養額兒
雙 柱卜
幾 聶轍
終 㫐習的

十两 彎些兒
重 阿額兒
稀 速欲
半 啞吝

河西

天文門

天	吉達麻
日	的
月	浪乞
星	忙
斗	乞石
風	多撒
雲	卜尔
雷	喇乞
雨	谷
霜	卜刺
雪	拍荅
霧	絡
霞	果莫
露	設基

地理門

地	他則
山	希
水	鑾
江	紅犯
湖	苦獨
河	荅
海	汪洋
路	舍
嶺	巴

橋 立骨
市 混
井 都
時令門
春 把吉
冬 思立
晝 盡
熱 草吉
花木門
樹 葉的
林 格立

澗 查乞
村 聚林者
泉 喇：
夏 撒奴
年 光
夜 業忽
早 清谷
葉 混麻
麝香 食六

城 設兒
土 兀里
秋 三通
陰陽 乃直
冷 麻祿
晚 石格
花 谷立
大黃 完卜

棗 赤吉
桃 福
烏獸門
仙鶴 浪草
虎 拍
兔 走
熊 黑兒
驢 黑
駱駝 吾十獨兒
宮室門
宮殿 米浦

梨 蘇木
杏 梅
孔雀 八立
獅子 奴兒
牛 食々
毛牛 代食々
黃鼠 喇蘇
魚 牙把
皇城 窓十草

松 孫陽
鎖鸞 母忽々
龍 元
獐 忽木
羊 思
馬 人思
沙狐 主八
御路 邦及

衙門 喇刻
墻 亦
器用門
紙 幅
硯 即墨
刀 乞都阿
箭 奴木
盤 坤
鍋 児
櫃 傘都
身體門

房 提
窓 合古
墨 鋪
盛 手底
鎗 乃陽
碗 苦
筋 都児
床 隠奴
扇 把定

門 刻
館驛 管故
筆 兀祖
甲 昔
弓 郭牙
楪 豆子
卓 雨迷尺
帳房 察邪

身 動
面 莫麻
耳 弄
膽 經忽
牙 露
髮 向
腿 浪

人物門

皇帝 母積
父親 四
弟 六子刻

體 灘
眼 徹
鼻 豆
肝 衣
舌 班
手 雷的
皇后 阿兒母積
母親 滅
子 盤

頭 商
口 荅
心 荒
肺 石
鬚 惕
脚 定卜
太子 立奴
兒 不卜刻
女 蘇

娘子 撒卜蘇
通事 荅尺

人事門

欽順天道 倘格因牙吉達麻的
聖旨 發麻窩
進貢 人出
立 烏
拜 朝翠
起来 哈兒荅
不要懷 噢阿莫坤
表裏 卜喇以惕

官人 治必
太醫 脱里
尊待朝廷 矮的苦難加卜
河西國 倘吾的
方物 塔兒惕
好生擺著 結自撒福坤
叩頭 扯窩子及納
這邊来 印圓必牙
淺慶利害 赤洗大勤卜
領勅 査兒打丹

使臣 治里窓
伴當 丁八兒
大明國 我喇都
明日朝早起 法他哈那毋喇替
入朝 麦丹加兒
鞠躬 班忽
跪 窓納兒
那邊去 翁送荅納
賞賜 塞禄兒
分付 荅買吾

冒領賞 法他迭米禿
買賣 忽兒八思
人夫 馬忽
數目門
一 雷
四 得
七 沙內
十 哦
十三 哦梭
十六 哦遲
十九 哦格

謝恩 感瓜石
稟給 吴禄法
省諭 亞藍
二 聶
五 莫
八 阿兒
十一 哦雷
十四 哦得
十七 哦沙內
一十 雷哦

求討 格兒列
口粮 打汗
羨歸服 立荅把肉文
三 梭
六 遲
九 格
十二 哦聶
十五 哦莫
十八 哦阿兒
二十 聶哦

三十 梭哦
六十 暹哦
九十 格哦
萬 阿鑾
珍寶門
金 客
琥珀 恰兒八
水銀 布洗
衣服門
緞 線
西陽布 哈麻立

四十 得哦
七十 沙內哦
百 一兒記
銀 獨
水晶 孛專
錫 利亦
羅 紅
圓領 吉光

五十 莫哦
八十 阿兒哦
千 獨多
珎珠 迷卜
瑪瑙 阿皆亦
鐵 阿〻
布 習
紗帽 他納

帶 各木
褥 冷骨
襪 哈占
飲饌門
酒飯 烏吃納
肉 吃不納
燒餅 兀尚箋
醋 克顏
顏色門
黃 底把
白 洗的

絹 乞卜
靴 揉胡
筵宴 脫脫肉
湯 卜蘇
油 即蘇
紅 速獨

被 桯皮
鞋 散根
下程 吳法
酥油 失古脫
塩 荅剌
青 楊客

譯語 六十八 貞節堂袁氏鈔本

譯語

方隅門

東	貿薩兒
北	通用門
遠	常卜
送	滿列印
行	安十納
富	好顏
大	忽
活	運
南	埋民
近	帖
来	底納
坐	温十納
誠實	寔到
小	恰
西	卜
迎	禿胡
去	十納
貧	法
聰明	光故
死	莫

回回

天文

天	阿思忙
雨	把郎
星	洗塔勒
露	捨卜喃
雹	也黑撒
煙	都的
月蝕	虎蘇伏
日出	阿伏他卜白剌黙丹
煙息	都的阿剌米丹
雲	阿卜兒
日	阿伏他卜
風	巴的
霧	五色兒
電	白兒草
天河	黙只力
天陰	體勒亦阿思忙
月落	媽謊伏羅勒伏貪
星移	洗塔勒亦那草力
雷	勒阿得
月	媽謊 音黑
霜	僕失克
雪	白兒伏
虹	高思
日蝕	苦蘇伏
天晴	阿思媽匿撒伏
氷凍	葉賍伏速兒丹
風吹	得米得匿巴得

地理

地	則民
庄	擺杭
村	底刻
里	買勒
墻	楪窒兒
園	巴里子
水	阿卜
海	得兒子
池	蒿子
岸	勒必卓亦
土	哈克
市	巴咱兒
野	必啞邦
橋	僕力
籬	忒瓦兒
江	的只力
石	桌草
湖	魯的
浪	毛只
沙	列克
田	即剌阿剔
井	插謊
路	剌黑
程	法兒桌草
林	振草力
山	科謊
河	卓亦
泉	扯失默
洞	阿兒
泥	吉力

山頂 滚勒
山水 寨剌卜
水淺 阿必𢀖了卜
遠路 剌吸都兒
花園 跋思湯
城濠 罕得草
六合 舍失者詭剔
南京 喃台

節令

春 白哈兒
冬 即米思湯

山嶺 阿褫白
水流 阿必勒往
水路 剌吸白哈兒
御路 俊詭剌黑
菓園 巴額
地方 底了兒
中國 癡音
外國 滿勒克剔剔魯音
夏 塔必思湯
時 撒阿剔

山峰 即兒外
水深 阿必毋阿克
旱路 剌吸拜六
御橋 僕力俊布
城墻 黑撒兒
世界 者杭
北京 罕把力額
西域 徹剌葉剔
秋 體兒嫣詭
年 撒力

日	羅子
晚	商窰
熱	草林
古	草底窰
今日	因羅子
每日	譑兒羅子
来月	媽吸阿演得
月外	媽吸氻魯音
舊年	撒力顆譑揑
明年	撒力阿演得
百年	塞得撒力

夜	合卜
更	竍思
寒	塞兒媽
今	阿苦奴音
明日	法兒荅
幾日	謟得子
月初	塞力媽譑
月盡	媽吸忒媽窑
今年	因撒力
一年	葉克撒力
千年	譑咱兒撒力

早	塞巴黑
冷	塞兒得
暖	草兒媽
昨日	底揑
後日	柏思法兒荅
今月	因媽譑
月裏	媽吸阿演荅 媽吸奄得兒
先年	撒力撒失音
每年	譑兒撒力
十年	得譑撒力
萬年	得譑〻咱兒力

壽歲 兀母兒
麝香 木失克
甘松 第卜力
檳榔 付把力
大黄 列彎的
大麥 招
西瓜 忒兒卜子

花木

樹 得勒黑忒
草 阿勒伏
菜 塞卜即

沈香 烏的忒噶必
雲香 毋思忒欺
片腦 噶失兒
阿魏 昂古則
硫黄 果吉得
葫蘆 克都
甜瓜 海兒卜子
木 搠卜
香 波亦
柴 歇尊

乳香 苦日
丁香 草藍伏力
豆蔻 招子卜窒
硇砂 腦倭的兒
毒藥 則諕兒
蘿蔔 禿兒卜
王瓜 巴得即草
花 谷力
竹 奶
葱 痞了子

茄 把頂剛

韭 砍得那

豆 巴草力

李 阿魯

梨 母魯的

栗子 舍謔白魯忒

蓮子 禿黑宻朶魯法兒

石榴 何那兒

蓮藕 朶魯法兒

良薑 好林張

柳樹 得勒黑剔乩的

薑 咯者比力

米 土飢

菓 也窩

瓜 舍伏塔魯

葡萄 昂孤兒

榛子 粉得草

柿子 罕力窒亦乩都的

番棗 虎兒媽

花椒 粉力糞力黑塔亦

烏木 阿卜奴思

松樹 得勒黑剔塞兒微

蒜 西兒

麦 趕敦

棗 尺卜昂

杏 則兒荅魯

核桃 乂兒黙顏子

松子 振力五勒

橘子 土林只

甘蔗 主剌卜

胡椒 粉力糞力

蘇木 白干

根 乩黑

枝 傻黑
皮 坡思忒
番紅花 則阿伏郎
降真香 克里克
鎖鎖葡萄 𪑟都子

鳥獸

龍 阿日得兒
象 扺力
狐 羅巴
麞 阿乎
馬 阿思卜

葉 白兒革
胡蘿蔔 革則兒
薔薇花 古剌卜
伽南香 克藍白克
虎 珀郎革
熊 黑兒思
豹 都子
鹿 革外子
牛 嘎兀

子 秃恨
阿魏 阿伏欲音
白檀香 撒得力
龍涎香 奄白兒阿失虩白
獅 賒兒
狼 谷兒革
猴 罕都乃
兎 虩兒鍋失
羊 果思番的

驢 諕思
狗 壘械
鼠 木失
魚 馬希
雞 木兒額
雁 塞外兒
海青 傻諕巴子
鳳凰 洗木兒額
野雞 忒得兒微
烏鴉 咱額
銀鼠 阿思

騾 阿思忒兒
駝 兀失禿兒
蛇 媽兒
蟹 塞兒湯
鶖 嘎子
鷹 巴子
仙鶴 兀嘎兒
孔雀 塔兀思
喜鵲 阿克
老鸛 勒草勒草
青鼠 忒音

猪 乎克
猫 古兒白
蟒 那杭草
龜 桑吉僕失的
鴨 白忒
鵰 六黑
鸂鶒 土推
天鵞 阿兒只
鷀鸕 苦郎草
黃鼠 刺速
豹鼠 茄失

山羊 忒草
犀牛 克勒克
騸馬 阿黑忒
西馬 塔即

宮室

房 哈揑
倉 奄巴兒
堦 卜額揑
朝廷 巴兒嘎
衙門 楪室音
鋪面 靦康

黃羊 乃黑炙兒
牛犢 果撒勒
課馬 馬的洋
達馬 阿思必印惡力
殿 科失克
窓 得裏徹
柱 速通
金闕 阿思塔乃亦寧力音
館驛 了密

羊羔 攞勒
兒馬 躔額兒
馬駒 苦勒
金錢豹 都子法兒
庫 諕即揑
簷 巴窓
梁 巴剌兒
丹墀 叱撒音
關口 得哈揑

器用

鼓 都忽力
砲 柰吉滿者你草
鎗 乃則
甲 招氈
斧 忒白兒
杘 乃默得即音
鑾 洗他窑
鍬 兒兒墩
櫃 散都草
桌 濕勒

鑼 退失忒
弓 克忙
刀 噶兒得
劍 貼額
弦 即謕
鞊 主那草
韁 奚囊
鞭 塔即了捏
床 忒黑忒
凳 散得力

旗 阿藍
箭 梯兒
盔 争的
銼 鎖杭
鞍 即音
鐙 黑噶卜
繩 勒三
車 克兒束
椅 苦兒西
秤 忒刺卒

尺	草子
碗	嘈塞
楪	忒白草徹
鍋	爹克
匙	克卜徹
鋤	克藍得
鑰	克里得
被	草咱安的
席	跛力了
扇	巴的徹鑽
筆	草藍

升	排馬捏
盞	扎窑
壺	速剌黒
盆	勒貪
甕	乎窑
犂	阿嫣只
剪	都嘈兒得
褥	必思忒兒
氊	幾里窑
紙	嘈頟子
硯	覩葉剔

斗	苦力
盤	忒白草
罐	顆則
杓	論徹
桶	旦力兀
鎖	谷伏力
線	里失忒
枕	巴力失
傘	徹忒兒
墨	洗啞希
天平	米蔵

湯瓶 阿伏地白
香爐 米只黙兒
肉鋌 茤黒
弓袋 欺失
主勞 魯剛
鑌鐵鏡 阿以乃亦潑剌的

人物

君 俊謔
吏 你徽散得
人 克思
叔 阿黙克

鉢盂 苦只枯刀
火炉 忒奴兒
大刀 閃濕兒
箭袋 谷兒洋
肚帶 節兒湯草
鐵脚皮 忒草
王 第刀湯
軍 勒失克失
父 拍得兒
伯 阿黙克克良

刷牙 米思窒克
燈盞 扯剌額當
邊鼓 呑卜兒
搬弦 節謔飢兒
眼鏡 躷乃克
魚牙刀 得思忒亦膽荅你馬希
官 迷兒
民 勒矣葉剔
母 馬得兒
姑 奄黙

兄 打得兒
妹 草諕兒忽兒得
男 黙兒得
孫 乃比勒
你 秃
誰 乞
大臣 我即兒
使臣 引力尺
奴僕 五良
天皇后 黙里克

人事

弟 比剌則兒
夫 朔亦
女 朶黒忒兒
親 黒失
我 鑾
太子 傻諕咱得
通事 克力黙尺
娘子 哈呑
獵人 賽丫的
富貴人 倘草兒

姐 草諕兒
婦 襖勒忒
子 法兒鑕得
友 丫兒
他 歪
摠兵 洗僕諕撒剌兒
頭目 塞兒外兒
丫鬟 克你則克
天皇帝 皅的傻
艱難人 法祴兒

来 阿黙丹
入 得刺黙丹
坐 你失思貪
跑 咱奴則丹
見 底丹
有 諕思忒
還 塔汪
言 塞洪
允 以扎則剔
歹 白的
喜 傻的

去 勒伏貪
行 勒汪
卧 虎伏貪
拜 拍勒思体丹
辭 微苔阿
無 呆思忒
問 僕兒洗丹
説 谷伏貪
聽 鼠你丹
望 瓦也的
笑 罕底丹

出 白刺黙丹
走 得微丹
站 亦思他丹
起 白尔哈思貪
回 白兒草失貪
借 阿力葉剔
荅 者窒卜
知 打他思貪
好 或失
成 豈法葉剔
哭 幾里思貪

愁 安
改悔 討白克兒丹
公道 阿的力
買賣 掃荅
進貢 克失丹
賞賜 忒失里伏
引領 撒失克兒丹
上御路 勒伏忒匿僾虩刺虩
叩頭 塞兒則丹

身體

頭 塞兒

羞 舍藍
懶惰 嚐漢力
看守 你嘎虩打失貪
和好 毋窒徹
方物 古馬僾剔
省諭 阿嚐
見朝 底荅兒妃的僾
排班 塞伏幾力伏貪
謝恩 僾的巴失
眼 徹深

怕 忒兒洗丹
勤謹 只都者虩的
安寧 阿忙
投降 引裓了的
求討 華思貪
領賞 幾力伏忒匿忒失里伏
過御橋 古得失忒匿僕力僾希
鞠躬 魯苦阿
平身 忒匿剌思忒
耳 鍋失

鼻 比匿
唇 勒卜
額 撒倰你
髮 抹亦
背 僕失忒
脇 白額力
手 得思忒

衣服

布 克兒巴思
錦 克梯
袴 以咱兒

口 得杭
齒 膳當
項 砍勒
鬢 里失
肩 洗捏
腰 米洋
腿 即音
絹 土兒姑
裙 咽班得
襪 乃抹的則

舌 則邦
面 羅亦
眉 阿卜羅
身 會
腹 失看
臍 那伏
脚 鈀亦
段 忒窒兒
襖 都兒額
靴 抹則

鞋 克伏失
手巾 付忒
梭甫 蘇付
法衣 法兒只
飛魚 扎黙亦嫣得吸拍藍
錦綉 阿忒勒思
束腰巾 班得米丫捏

飲饌

茶 乂
肉 鍋失忒
糖 搶克兒

帽 苦剌謊
手帕 羅亦嫣力
鐯鐺 黙伏土力
圓領 幾列耶吉兒吉
表裏 阿卜勒阿思忒兒
撒哈剌 塞敢剌忒
西洋布 克兒巴思徹剌葉剔
飯 阿失
俸 黙兒松
麪 阿兒得

帶 克黙兒
帳幔 拍兒得
剪絨 黙黒黙力
蟒衣 扎黙亦耶杭革
綵段 頃花
花手巾 付忒亦谷力
纏頭布 得思他兒
酒 搶剌卜
粮 奄勒
油 羅安

乳 濕兒
湯 朔兒巴
醎 朔兒
甜 濕林
食 火兒丹
口渴 忒失乃
下程 五魯法
乾淨 𡊨乞則
珎寶
金 則兒
鐵 阿寒

酪 主額剌忒
鹽 乃黠克
酸 土六失
淡 别黙則
飲 懦失丹
肚餓 古兒思乃
酒飯 阿失捨剌卜
齷齪 拍里得
銀 奴草勒
錫 阿兒卽子

蜜 阿撒刀
醋 洗兒克
苦 忒力黒
煮 卓失丹
臭 𧼮得
行粮 咱得剌黒勒
筵宴 陀亦
銅 悉思
鉛 速兒卜

玉石 葉深
珊瑚 黙兒張
珍珠 黙兒窒力得
金剛鑽 奄力媽思

文史

詩 那尊
字 哈兒伏
印信 鐔阿
名字 那密

聲色

白 洗撒的

瑪瑙 者則阿
水晶 阿卜幾担
水銀 洗媽卜
夾玉石 葉深白桑械哈勒
書 乞他卜
聖旨 法兒忙
来文 亦兒撒力那黙
青 克卜的

琥珀 顆謔則巴
猫睛 跛乃力吸兒
鑌鐵 潑剌的
梧桐鹹 禿額剌兀
文 矣巴勒忒
勅書 黑他卜那黙
封記 莫謔兒
紅 速兒黒

黃 則見得
紫 哪克
花樣 谷力窒見
般數 奄力汪

數目

一 葉克
四 扯哈見
七 謔伏忒
十 得謔
四十 尺欣力
七十 謔伏他的

黑 洗丫謔
藍 葴嘎力
顏色 郎草
二 都
五 潘只
八 謔失忒
二十 必思忒
五十 潘扎
八十 謔失他的

綠 塞卜子
光素 撒得
淺淡 別郎草
三 岁
六 舍失
九 那謔
三十 西
六十 舍思惕
九十 乃外的

百	塞的
多	必思了兒
數	暑媽兒
總	黥只毋阿
	通用
左	徹卜
後	珀思
外	乩龍
高	白藍的
上	把刺
南	者奴卜
千	謊咱兒
少	奄得克
单	法兒得
右	刺思忒
中	米洋
實	哈袱草忒
低	珀思忒
下	椄兒
西	黥額力卜
萬	得謊謊咱兒
算	黒撒卜
雙	住伏忒
前	撒失
内	奄得龍
虚	體希
平	刺思梯
東	黥失力草
北	夬媽力

大	克痕
重	革郎
寬	法刺黑
細	巴列克
添	即孑得忒
慢	阿吸思忒
是	阿列
舊	科謕兒揑
易	阿桑音
現	排荅
請	忒勒比丹

小	忽兒得
歪	那刺思忒
狹	湯草
横	珀寒
減	看
空	哈里
非	呆
同	白刺白兒
難	覯失窒兒
洗	暑思貪
換	白得力

輕	塞卜克
斜	克日
麗	覯六失忒
豎	土力
緊	卒的
滿	僕兒
新	惱
異	底草兒
藏	珀乃哈
揩	馬里丹
做	撒黑貪

這里 因扎
太平 阿忙
一定 奄力拜忒
可矣 乜捦外的

那里 昂扎
知道 打你思貪
憐憫 勒限克兒丹
恕罪 黙阿卒兒

若是 阿苩兒
造化 忒苩底兒
将就 巴失克克兒丹
了畢 忒馬密

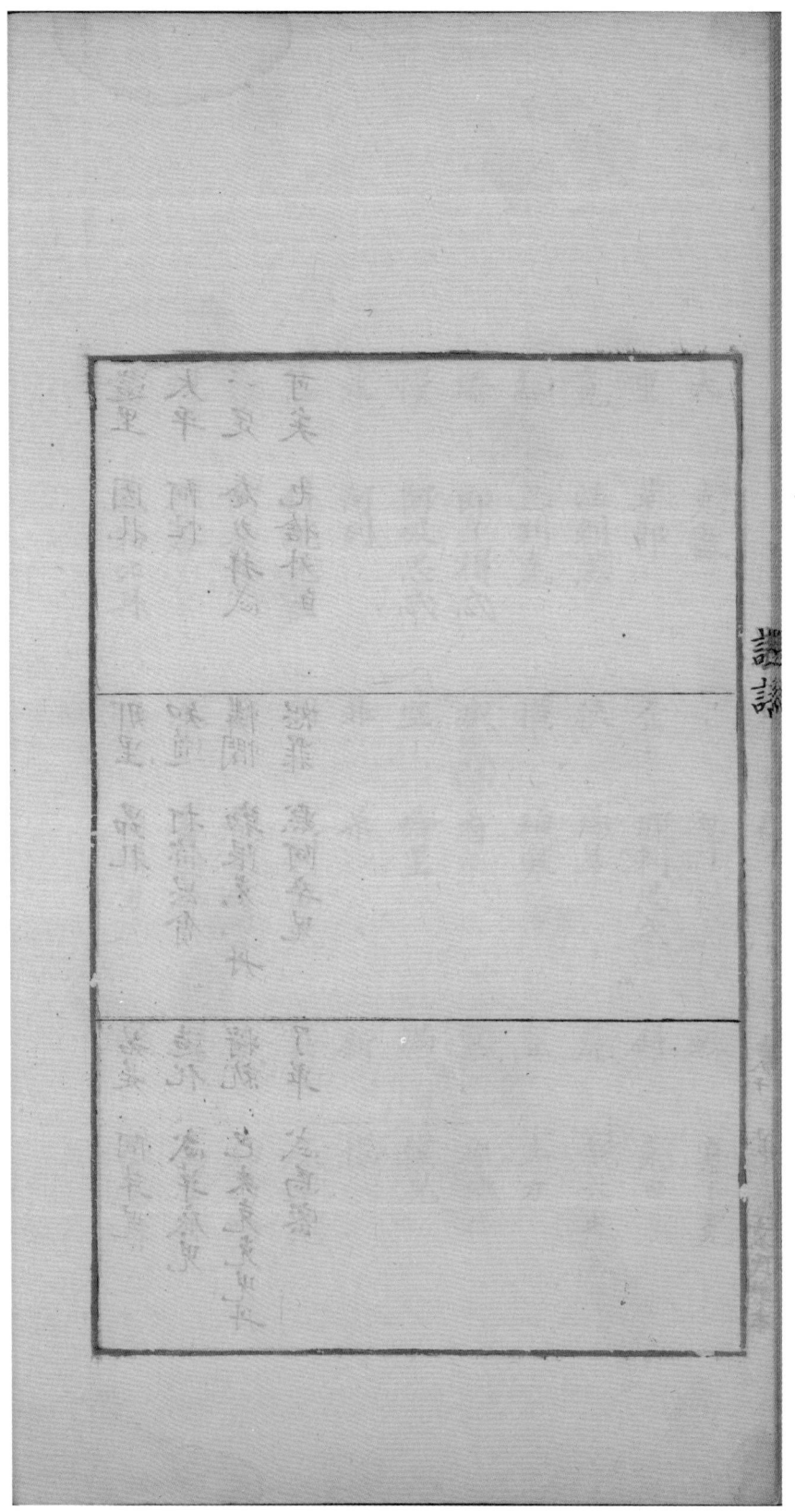

太尉之印

宣光元年十一月日

中書禮部造

八十一

貞節堂袁氏鈔本

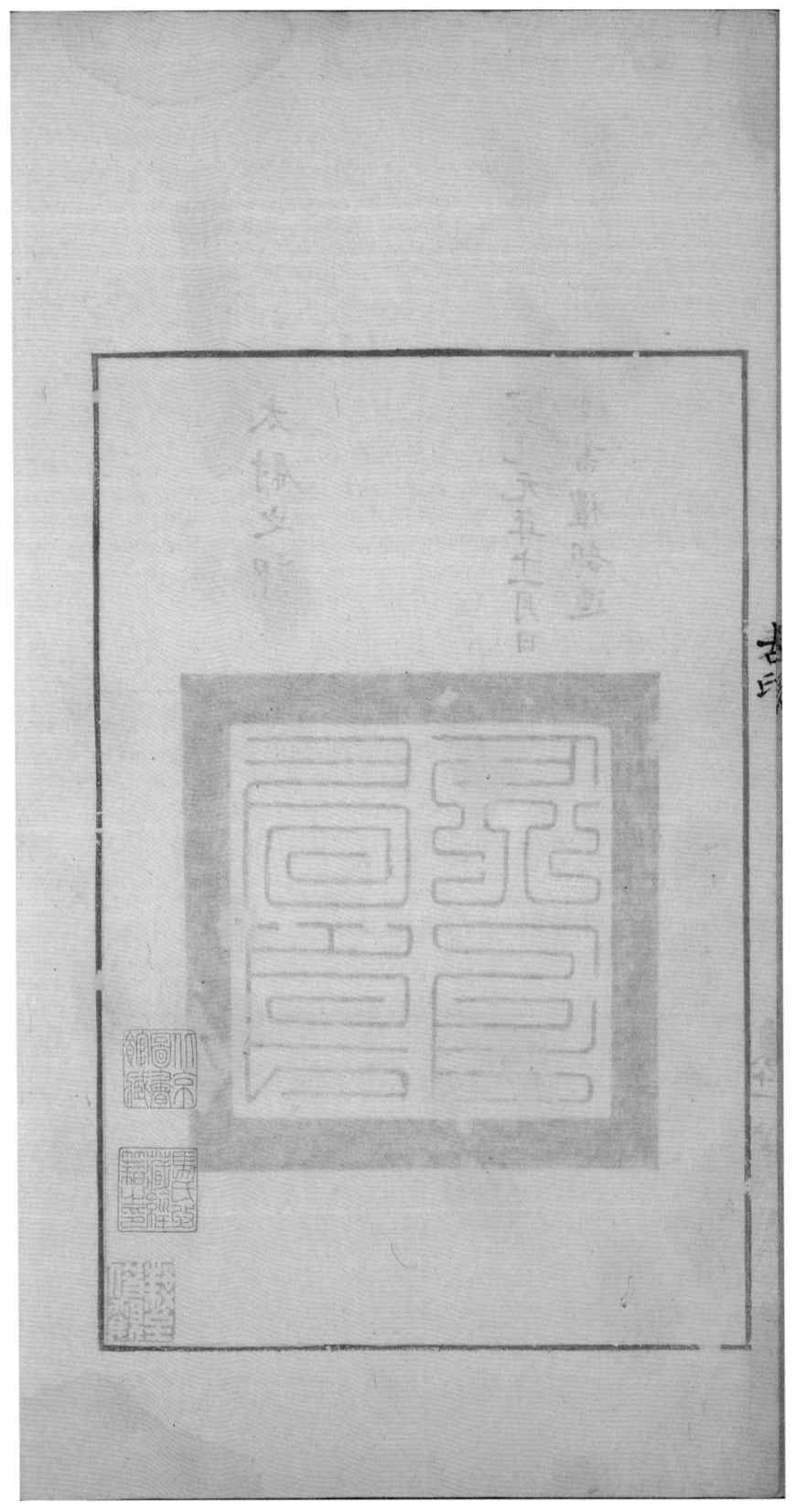

國家圖書館藏民族文字古籍叢書

安西王令旨碑

又名《龍門建極宮碑》，立於山西、陝西交界處的龍門建極宮（即民間所稱的禹王廟）內。碑高107.0釐米，寬69.0釐米，立於鼠兒年正月二十六日，現已毀。據其碑陽「至元十二年（1275）」，此鼠兒年爲其次年，即至元丙子年，公元1276年。碑陽上載八思巴字音譯至元十二年漢文聖旨，下載漢字文言聖旨原文；碑陰上載八思巴字蒙古文至元十三年（1276）令旨，下載漢語白話文譯文。此碑爲已知最早的八思巴字碑文，而且譯漢譯蒙同在一碑，實屬少見。此爲其碑陰內容，即八思巴字蒙古文及漢語白話譯文。

元代安西王世襲三代，分別爲忙哥剌、阿難答和月魯鐵木兒。此碑所涉安西王應指忽必烈第三子忙哥剌（?—1278），於至元九年（1272）十月受封安西王，出鎮陝、甘、川等地。次年晉封秦王，擁有獸紐金印。其府在長安者爲安西，在六盤山者爲開

成，皆築宮室，一藩二印，兩府並開，地位尊崇，權勢顯赫。至元十五年（1278）冬，忙哥剌卒，年約 30 歲，任安西王前後七年。在王位期間，忙哥剌提倡佛教、全真道教、伊斯蘭教等多宗教並行政策，以爲其政治目的服務。此舉措在本令旨碑中得到了充分證實，碑文漢語白話文如下：

長生天氣裏皇帝福蔭裏皇子安西王令旨：

道與管軍官人每并軍人每、州城縣鎮達魯花赤、官人每、來往行踏的使臣每，遍行省令旨

成吉思皇帝、匣罕皇帝聖旨裏，和尚、也里克温、先生、達失蠻、地稅商稅、不揀甚麽差發休著者、告天祈福者，那般道來。

如今照依前聖旨體例，地稅、商稅、不揀差發休著者、告天祈福者，那般。這平陽府有的堯廟、后土廟、禹王廟裏住的姜真人、替頭裏董真人，交先生每根底爲頭兒祈福者，那般，收執行踏的令旨也。

這的每宮觀房舍裏，使臣每休安下者。鋪馬祗應休要者。
田產物業休奪要者。
這先生每休倚做没體例勾當者。没體例行呵，他每不怕
那甚麽。
旨俺的
鼠兒年正月二十六日，京兆府住時分寫。

全圖

|④|①|
|③|②|

八思巴文 安西王令旨碑

局部①

八思巴文 安西王令旨碑 局部②

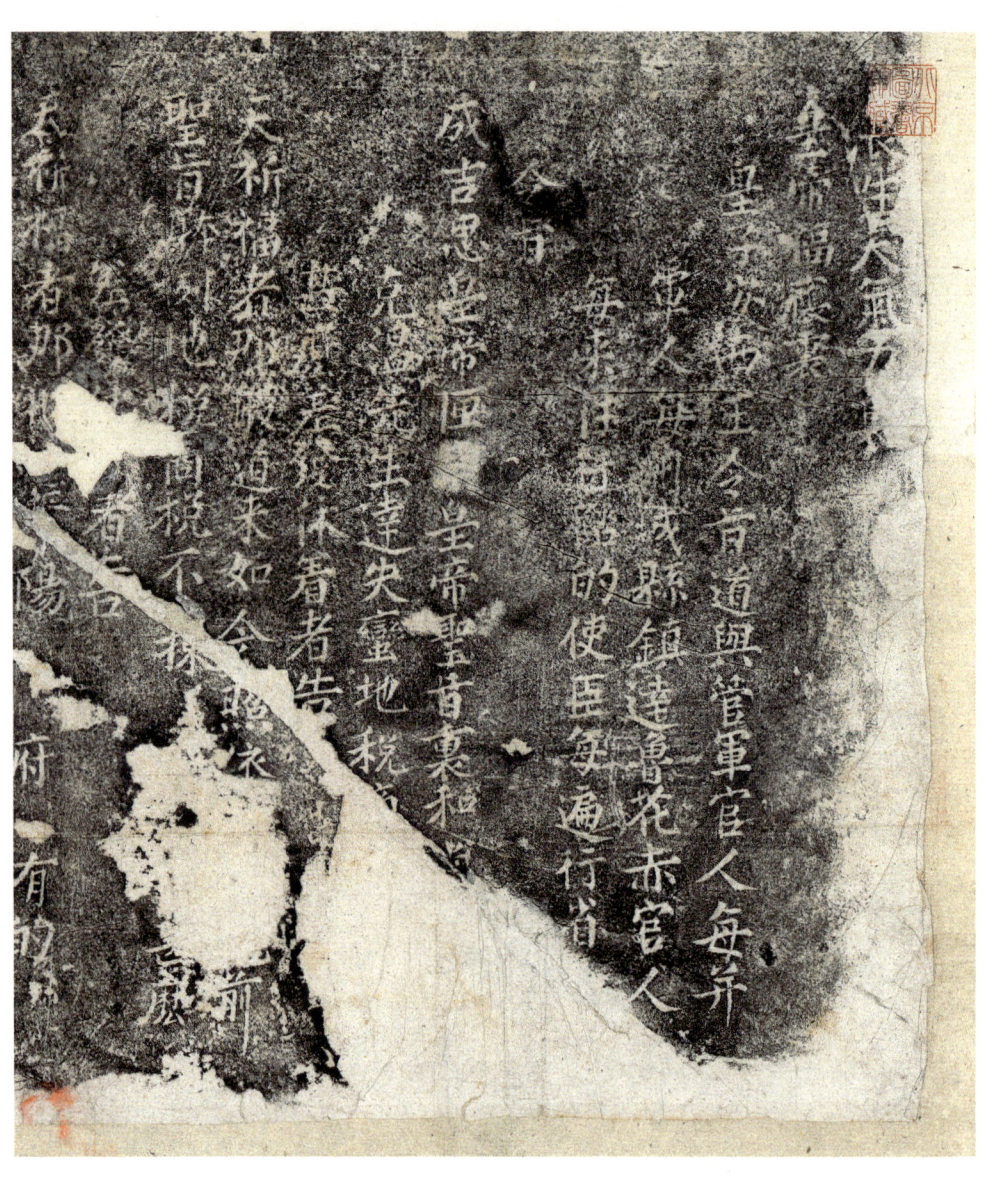

局部③

八思巴文 安西王令旨碑

◇ 托忒蒙古文

平定準噶爾勒銘伊犁碑

乾隆二十年（1755）五月立於承德普寧寺，碑身高 222.0 釐米、寬 95.0 釐米，碑額高 29.0 釐米、寬 24.0 釐米。乾隆帝爲紀念平定厄魯特蒙古準噶爾部達瓦奇而立，碑文滿、漢、托忒蒙古、藏文對照。

清代，厄魯特蒙古以伊犁爲中心分準噶爾、和碩特、杜爾伯特和土爾扈特四部。1745 年，準噶爾部首領噶爾丹策凌死後，爲了争奪統治權，封建貴族之間進行了長達八九年的殘酷鬥争。乾隆十八年（1753），在輝特部臺吉阿睦爾撒納的支持下，達瓦奇奪得政權，從此屢屢滋事，派兵搶掠各部，使得厄魯特部衆民不聊生。厄魯特其他各部無法忍受達瓦奇的欺淩，紛紛向清政府靠攏。乾隆二十年春，清政府經過周密籌劃，以班弟爲定北將軍、阿睦爾撒納爲定邊左副將軍，由烏里雅蘇臺出發；以永常爲定西將軍、薩拉勒爲定邊右副將軍，由巴里坤出發。清軍所到之處受到厄魯特各部衆的熱烈歡迎，各部紛紛表示歸順。於是，在格登山，清軍將達瓦奇所部完全擊潰。獻俘儀式在北京紫禁城的午門舉行，乾隆帝赦免了達瓦奇的死刑。《平定準噶爾勒銘伊犁碑》即記述了此事件，指責準噶爾首領，尤其是達瓦奇欺壓百姓，使百姓過着「如苗斯蟊」「如虺斯螫」的生活，致使各部衆「衆口嗷嗷」，頌揚乾隆帝拯救各部於水火、統一國家的決心。同内容的碑尚立於伊犁寧遠城，題名仍爲「平定準噶爾勒銘伊犁之碑」，較此承德普寧寺碑，體積小，刻工稍遜，文種爲滿、漢、蒙古、藏文對照，現已殘。

6147
普寧寺
即大佛寺
在熱河省城
正北十里
平定準噶爾勒銘伊犁之碑
6147

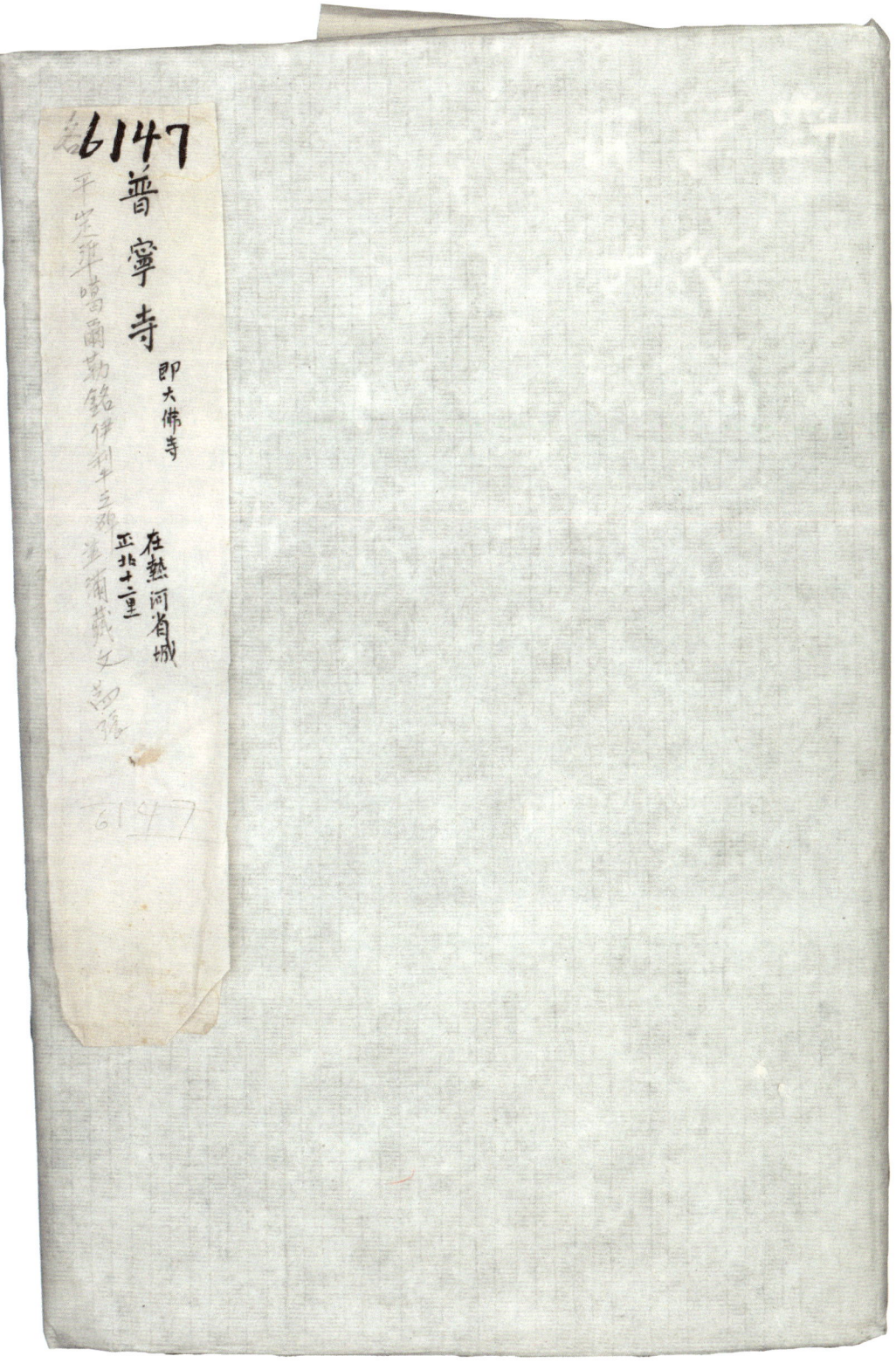

托忒蒙古文全圖

			③	②	①
⑧	⑦	⑥	⑤	④	

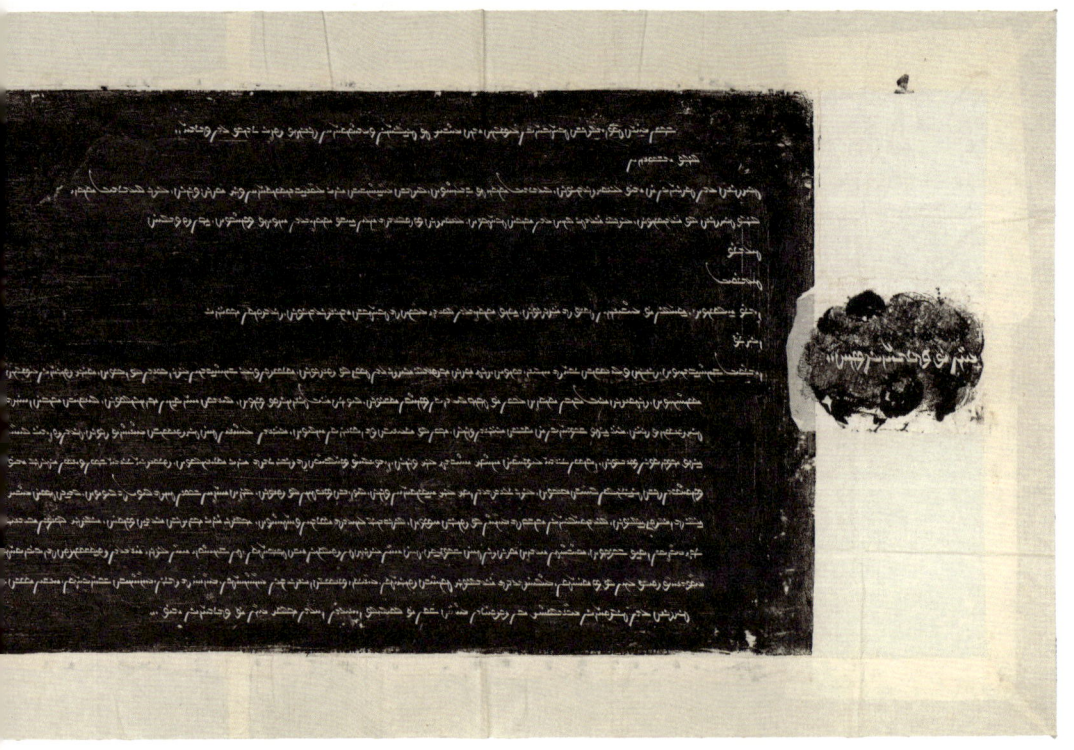

托忒蒙古文　平定準噶爾勒銘伊犁碑

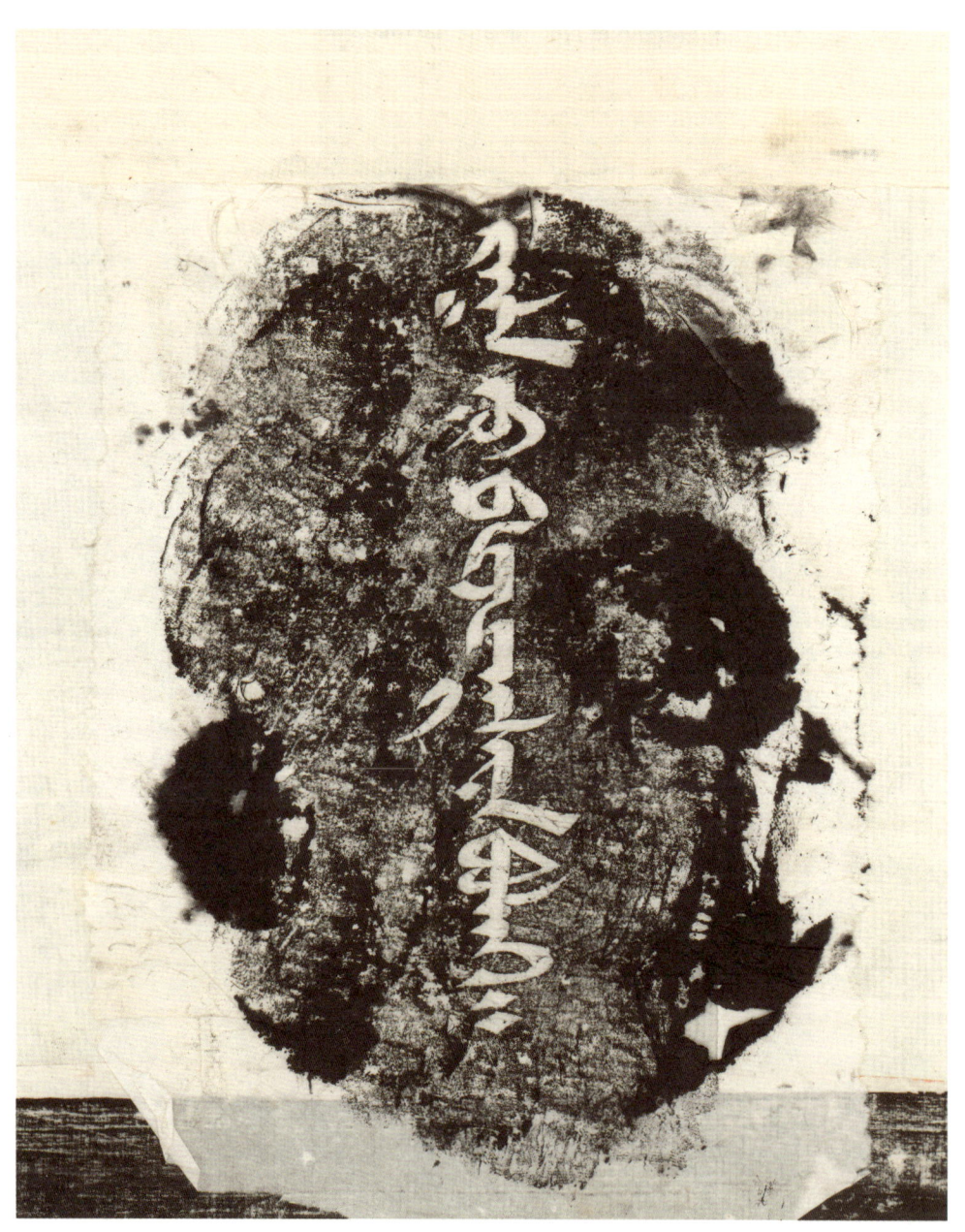

局部①

托忒蒙古文 平定準噶爾勒銘伊犁碑

局部②

局部③

托忒蒙古文 平定準噶爾勒銘伊犁碑

局部⑤

托忒蒙古文 平定準噶爾勒銘伊犁碑

局部⑦

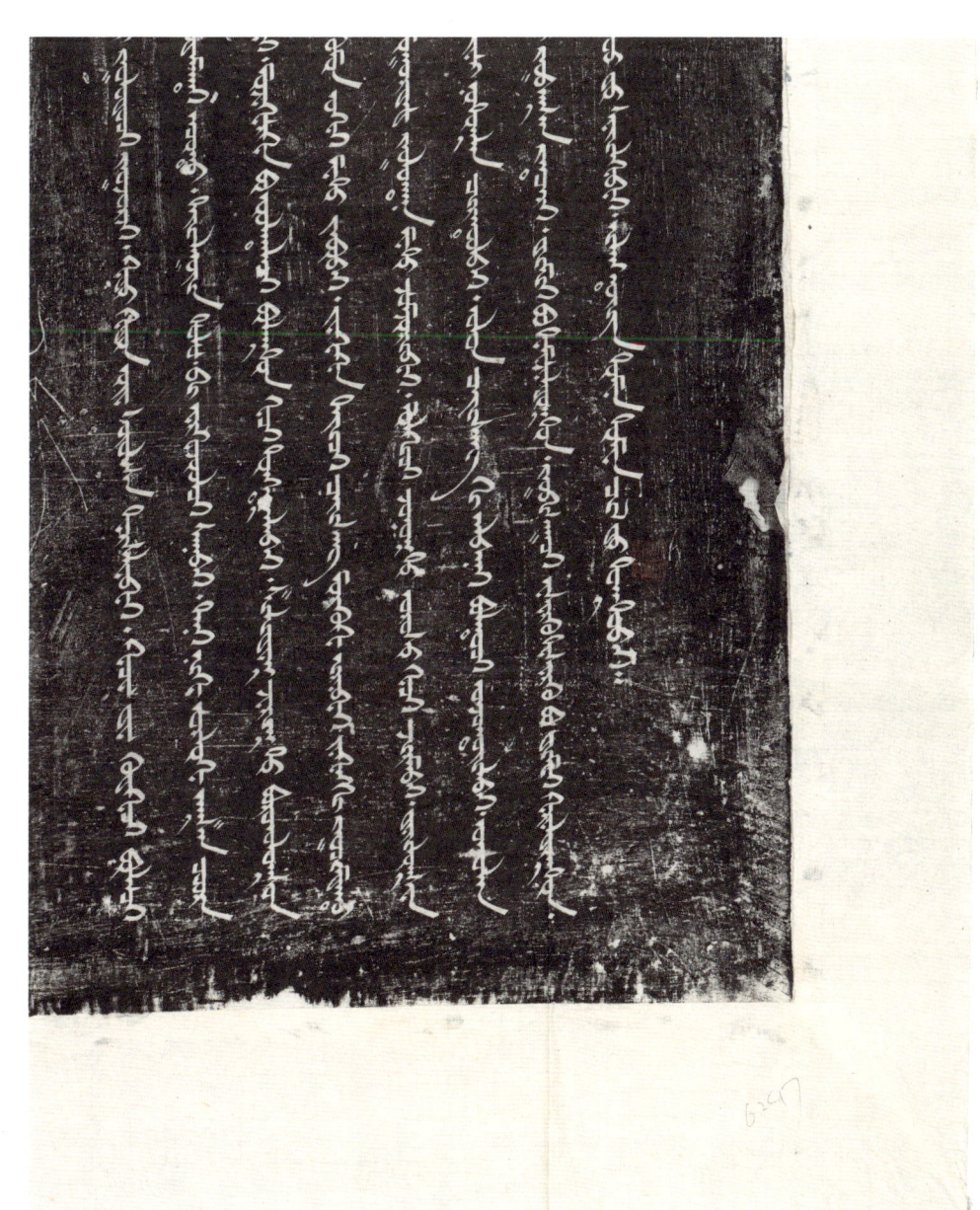

托忒蒙古文 平定準噶爾勒銘伊犁碑

漢文全圖

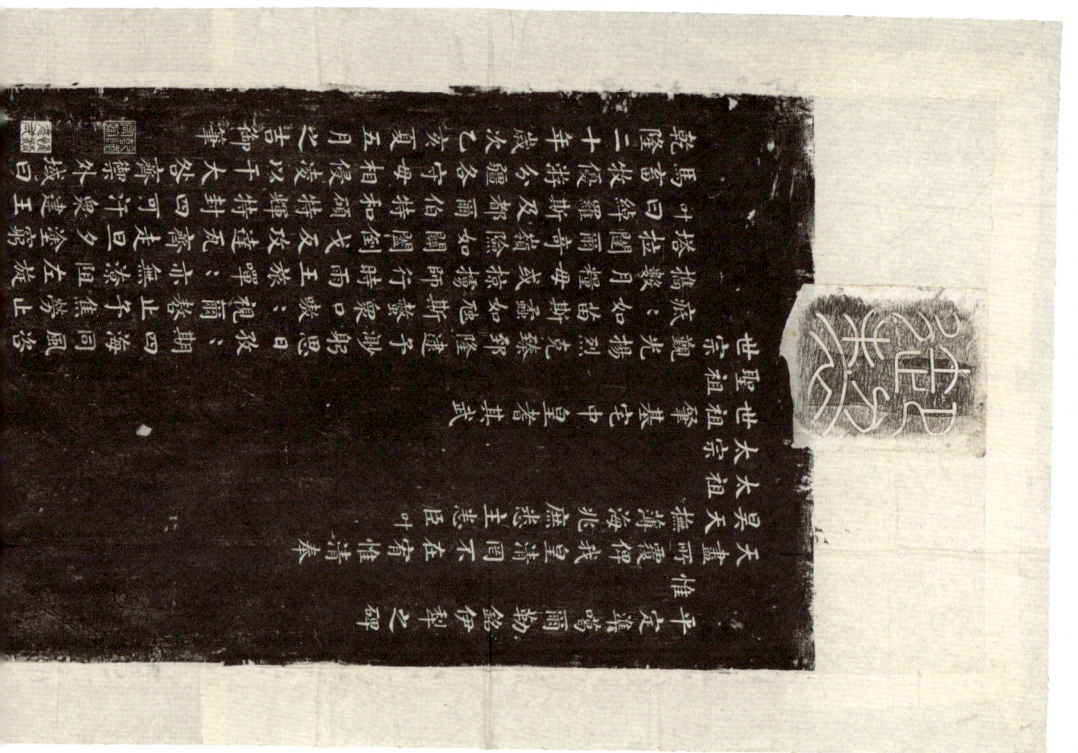

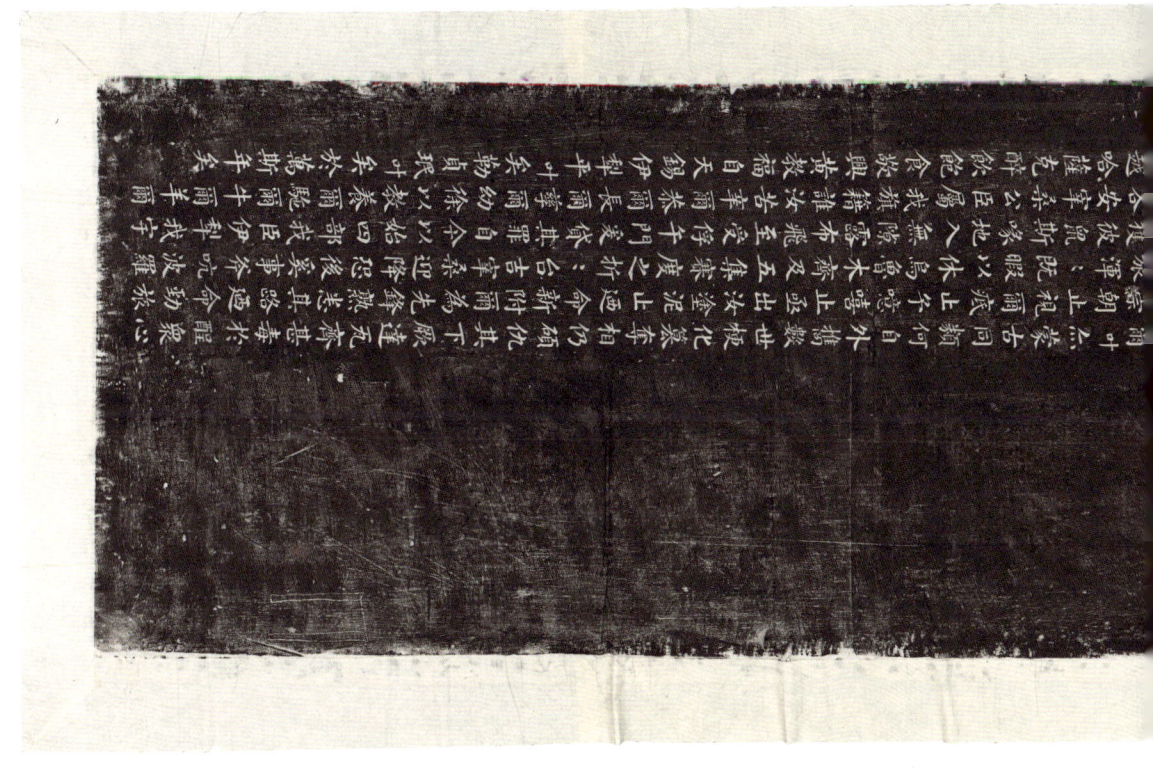

平定準噶爾勒銘伊犁碑（漢文部分）

爾叶焉蒙古同類何自外攜數世梗化篡奪相仍碩仇其下厥達瓦齊甚毒於醒衆心
宗朝止視爾底止乎噫嘻止亟出汝塗泥止迺命新附爾為先鋒熟悉其路迺命勁旅
旅渾渾既暇以休烏魯木齊及五集賽度之折折台吉宰桑迎降恐後奚事斧吭波羅
獲彼鼠斯喙地入無隙露布飛至受俘午門爰貸其罪自今以始四部我臣伊犁我宇
各安宰桑公臣屬我旗籍誰汝苦辛爾恭爾長爾孳爾幼徐以教養爾馳爾牛爾羊爾
越哈薩克醉飲飽食欲興黃教福自天錫伊犁平叶矣勒貞珉叶矣於萬斯年矣

局部①

平定準噶爾勒銘伊犁之碑
惟
天盡所覆俾我皇清罔不在宥惟清奉
昊天撫薄海兆庶悉主悉臣叶
太祖
太宗
世祖肇基宅中皇者其武
聖祖
世宗覲光揚烈克臻郅隆逮予渺躬思日

局部②

聖祖
世宗覲光揚烈克臻郅隆逮予渺躬思日孜
疧〻如苗斯蟊如虺斯螫衆口嗷〻視
攜數月糧毋或掠擄師行時雨王旅嘽
塔拉闥爾奇嶺險如關闔倒戈反攻達
叶曰綽羅斯及都爾伯特和碩特輝特
馬畜牧優游分疆各守毋相侵凌以干
乾隆二十年歲次乙亥夏五月之吉御

局部③

躬思日孜〻期四海同風咨汝準噶爾叶為蒙
口嗷〻視爾瞽止予焦勞止期救不崇朝止視
雨王旅嘽〻亦無潦阻左旋右抽王旅渾〻既
戈反攻達瓦齊走旦夕塗窮回部遮獲彼鼠斯
碩特輝特封四可汗衆建王公遊牧各安宰桑
侵凌以干大咎齊禦外域曰布魯特越哈薩克
月之吉御筆

乾隆宸翰

惟精惟一

局部④

蒙古同類何自外攜數世梗化篡奪相仍碩
視爾疵止予噫嘻止亟出汝塗泥止迺命新
既暇以休烏魯木齊及五集賽度之折：台
斯喙地入無隙露布飛至受俘午門爰貸其
桑公臣屬我旗籍誰汝苦辛爾恭爾長爾孽
克醉飲飽食敬興黃教福自天錫伊犁平叶

局部⑤

碩仇其下厥達瓦齊甚毒於醒眾心
新附爾為先鋒熟患其路廼命勁旅
台吉寧桑迎降怨後奚事斧吭波羅
其罪自今以始四部我臣伊犁我守
孳爾幼徐以教養爾馳爾牛爾羊爾
叶矣勒貞珉叶矣於萬斯年矣

平定準噶爾勒銘伊犁碑（漢文部分）

滿文全圖

			②	
⑥	⑤	④	③	①

平定準噶爾勒銘伊犂碑(滿文部分)

局部①

平定準噶爾銘伊犁碑（滿文部分）局部②

局部③

平定準噶爾勒銘伊犁碑（滿文部分）

局部④

局部⑤

平定準噶爾勒銘伊犂碑（滿文部分）局部⑥

藏文全圖

平定準噶爾勒銘伊犁碑（藏文部分）

局部①

局部②

平定準噶爾勒銘伊犁碑（藏文部分）

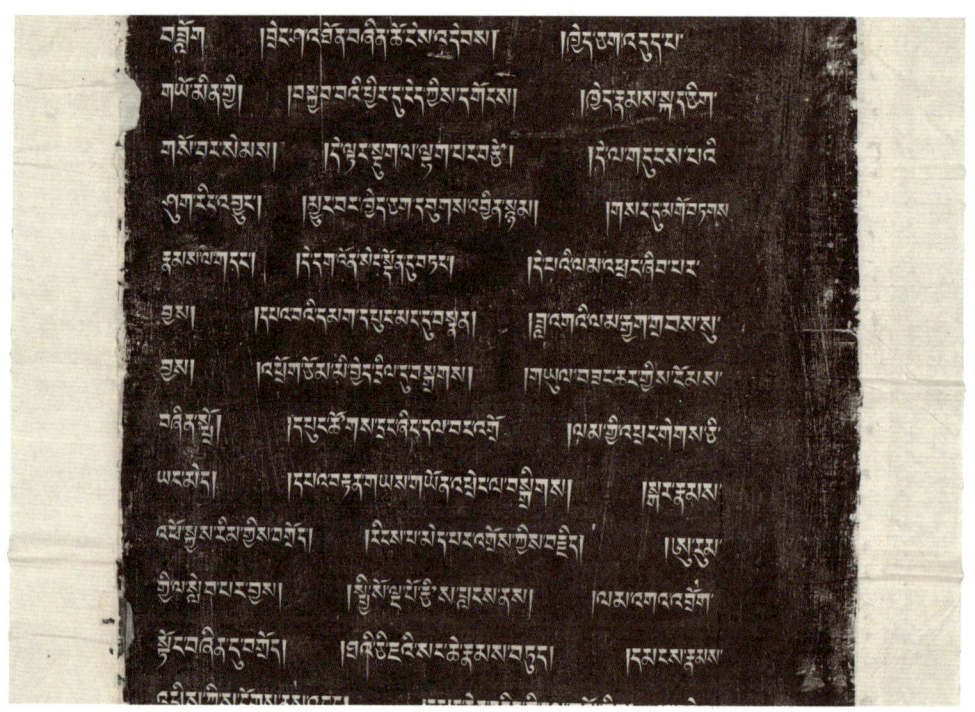

局部③

平定準噶爾勒銘伊犁碑（藏文部分） 局部④

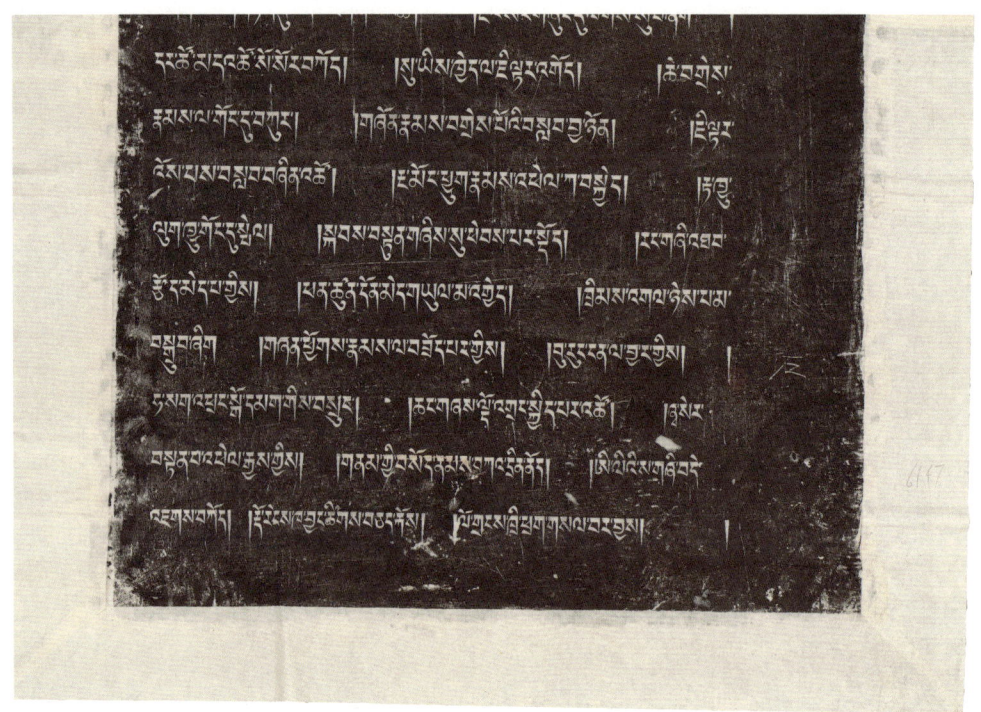

དར་ཆེ་མ་དང་འཆི་སོ་སོར་བཀོད། །སྐུ་ཡིས་ཕྱེད་དལ་ཛི་ལྷ་རའ་བཀོད། །ཆེ་བགྲིས་
རྣམས་ལ་གོང་དུ་བཀུར། །གཞོན་རྣམས་བགྲིས་པོའི་བསླབ་བྱ་ཉིན། །ཛི་ལྷར་
འོས་པས་བསླབ་བཞིན་འཚོ། །ཛ་མོང་ཡུག་རྣམས་འཕེལ་ཀ་བསྐྱེད། །ཧ་ཁྱུ་
ལུག་ཁྱུ་གོང་དུ་སྤེལ། །སྐབས་བསྟུན་གཉིས་སུ་ཕེབས་པར་སྤྱོད། །རང་གཞི་འཁབ་
རྩ་དམ་དང་པ་གྲིས། །པན་ཚུན་དོན་མེད་གཡུལ་མ་འགྱེད། །ཁྲིམས་འགལ་ཉེས་པ་མ་
བསྐྱབ་ཞིག །གཞན་སྐྱོགས་རྣམས་ལ་བཟོད་པར་གྱིས། །བུ་རྫུ་ངན་ལ་ཐུར་གྱིས། །
ངས་ཀ་འཕྱང་སྒོ་དམ་གཤིས་བསྐྱུར། །ཚང་གནས་ལྗོ་འགྲ་སྐྱིད་པར་འཚོ། །བྱེ་སེར་
བསྟན་པའ་འཕེལ་རྒྱས་གྱིས། །གནམ་གྱི་བསོད་ནམས་བཀའ་དྲིན་ཆེ། །ཨོ་ལི་ཞིས་གཞི་བདེ་
འཛུགས་བཀོད། །རྡོ་རིངས་འབྲུ་ཚིགས་བཅད་རྟོགས། །ལོ་གྲངས་ཁྲི་ཕྲག་གསལ་བར་བྲིས། །

局部⑤